페이의 마성의 중국어

배정현 (BJ PEI) 지음

혜지원

초판 인쇄일 2016년 4월 15일
초판 발행일 2016년 4월 22일
초판 2쇄 발행일 2017년 5월 15일

지은이 배정현
발행인 박정모
등록번호 제9-295호
발행처 도서출판 **혜지원**
주소 (10881) 경기도 파주시 회동길 445-4(문발동 638) 302호
전화 031)955-9221~5 **팩스** 031)955-9220
홈페이지 www.hyejiwon.co.kr
블로그 blog.naver.com/hyejiwon9221
페이스북 www.facebook.com/hyejiwon9221

기획 · 진행 박혜지
디자인 김성혜
영업마케팅 김남권, 황대일, 서지영
ISBN 978-89-8379-890-9
정가 14,000원

Copyright © 2016 by 배정현 All rights reserved.
No Part of this book may be reproduced or transmitted in any form,
by any means without the prior written permission on the publisher.

이 책은 저작권법에 의해 보호를 받는 저작물이므로 어떠한 형태의 무단 전재나 복제도 금합니다.
본문 중에 인용한 제품명은 각 개발사의 등록상표이며, 특허법과 저작권법 등에 의해 보호를 받고 있습니다.

이 도서의 국립중앙도서관 출판예정도서목록(CIP)은 서지정보유통지원시스템 홈페이지(http://seoji.nl.go.kr)와
국가자료공동목록시스템(http://www.nl.go.kr/kolisnet)에서 이용하실 수 있습니다.(CIP제어번호: CIP2016007168)

추천의 글

박지현 / 대학생

"순서 부담 없이 펼치는 대로 공부할 수 있어 좋아요."

책을 사면 늘 앞부분만 열심히 공부하다가 포기하고는 했어요.
그런데 『페이의 마중』은 옴니버스 형식으로 구성되어 있어 마음에 들어요. 인터넷에서 원하는 게시물을 찾아보듯 기호에 맞게 순서 부담 없이 공부할 수 있다는 점이 저와 잘 맞는 것 같아요.

김지혜 / 수학강사

"초·중급자가 자주 하는 실수를 콕콕 집어주네요."

UNIT마다 궁금했던 어법이 잘 정리되어 있어 도움이 돼요. 또 소통 코너에서 초·중급자가 자주 범하는 어법 오류를 수정해주니 책으로 과외를 받는 기분이에요.
무엇보다 믿고 보던 Pei의 방송이 책으로 엮어진다는 게 참 좋습니다.

최식원 / 박물관 전시기획자

"10년째 초급이었던 저의 중국어, 이제 업그레이드가 될 것 같아요."

중국어, 얼마나 배웠냐는 질문이 너무 곤란했어요. 사실 시작은 10년 전으로 거슬러 올라가거든요. 그런데 『페이의 마중』에선 많은 사람과 소통하며 외롭지 않게 중국어를 공부할 수 있네요. 이번만큼은 확실히 중급으로 업그레이드될 것 같습니다.

이보영 / 엄마

"그냥 엄마였는데, 중국어 공부를 다시 하는 멋진 엄마가 되었어요."

방송에서 우리와 나누었던 대화가 본문에 녹아있네요. 우리가 무심코 했던 질문들이 친절한 어법 설명이 되어 담겨 있고요. 늘 웃는 얼굴로 마중 나와 잠시 잊었던 중국어 길을 밝혀주는 그녀. 여러분도 그녀의 마중을 받아보세요. 이젠 중국어를 놓고 싶지 않을 겁니다.

마중의 글

중국어와 더 가까워지고 싶나요?

초급 과정을 마치고 어떻게 다음 단계로 이어가야 할지 망설이는 분들에게 추천합니다. 중국어에 대한 흥미만 가지고 오세요. 공감하며 한 단어, 감동과 함께 한 문장, 즐기면서 한 패턴을 익힐 수 있도록 골고루 차려놓고 기다리겠습니다.

잃어버린 중국어를 되찾고 싶나요?

중국어에 대한 열정으로 대륙을 품을 뻔하였으나 어느 틈에 그 열정이 차갑게 식어버린 분들에게 바칩니다. 그때 그 추억만 안고 오세요. 반가운 드라마 속 대사, 친절한 어법 설명, 젊은이의 유쾌한 슬랭 표현, 마음을 울리는 문장을 준비해 놓고 여러분의 귀환을 기다리겠습니다.

혼자 하는 중국어 공부가 외롭나요?

중국어 공부는 해야 하는데 좀처럼 마음을 잡을 수 없는 분들에게 권합니다. 일부러 시간 내어 학원에 가지 않아도 됩니다. 여유만 가지고 오세요. 중국어를 좋아하는 분들과 함께 학습을 이어갈 수 있는 온라인 공간이 마련되어 있습니다. 실시간 저자 직강은 물론 저자가 직접 운영하는 유튜브·블로그를 통해 소통하며 학습할 수 있도록 준비하고 기다리겠습니다.

중국에서의 생활, 유학 준비가 걱정되나요?

유학, 파견 근무, 현지 사업 등의 목적으로 중국 생활을 준비 중인 분들에게 소개합니다. 완벽한 문장, 근사한 한 마디가 아니어도 좋습니다. 용기만 가지고 오세요. 현재 중국의 유행어와 신조어들을 가득 담았습니다. 센스 있는 어휘들로 중국 생활에 활기를 더해보세요. 유머와 재치가 가득한 꿀 표현들로 여러분의 중국어에 힘을 실어 드리겠습니다.

'편히 오세요. 제가 마중 가겠습니다. 이번 여정은 결코 혼자가 아닐 겁니다.'

배정현 (BJ PEI)

이 책의 구성

▶ 총 30개의 주제를 공감, 감동, 재미로 나누어 3개의 Chapter로 구성했습니다. Chapter 한 개당 10개의 Unit을 실었습니다. BJ Pei의 다양하고 재미있는 중국어 콘텐츠를 각 주제에 맞게 효과적으로 학습할 수 있습니다.

▶ Unit 주제와 관련된 다양한 중국어 표현을 본격적으로 배웁니다.

▶ QR 코드를 통해 BJ Pei의 쉽고 재미 있는 강의를 바로 시청하며 학습할 수 있도록 했습니다. 책 속에 있는 내용 외에 중국어 학습자에게 도움이 되는 꿀정보, 꿀팁들도 추가로 제공합니다.

5

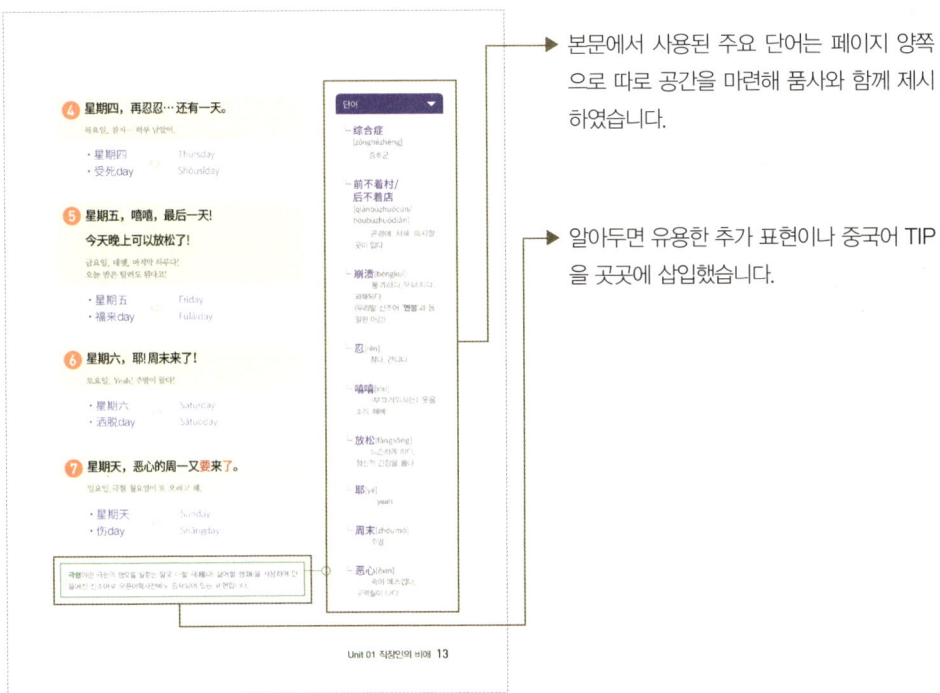

▶ 본문에서 사용된 주요 단어는 페이지 양쪽으로 따로 공간을 마련해 품사와 함께 제시하였습니다.

▶ 알아두면 유용한 추가 표현이나 중국어 TIP을 곳곳에 삽입했습니다.

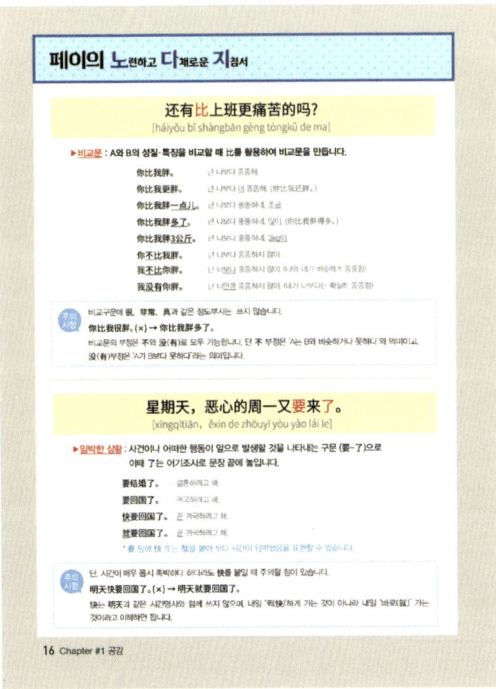

▶ 본문에서 사용된 기본적인 중국어 문법을 알기 쉽게 설명했습니다. 문법 예문 역시 일상생활에서 사용할 수 있는 표현을 위주로 실었습니다. 각 문법의 주의사항이나 추가되는 단어들도 제공해서 중국어 문법을 보다 쉽게 학습하도록 했습니다.

▶ 아프리카 TV에서 BJ Pei의 강의를 먼저 시청하고 학습한 학습자들이 쓴 댓글을 실었습니다. 댓글에 BJ Pei가 오답 수정을 해주거나 답글을 달아준 문장들입니다. 다양한 댓글을 통해 새로운 표현을 습득하고 오답 댓글을 보며 자연스러운 어법 학습이 가능하게 하였습니다.

▶ Chapter 한 개가 다 끝나면 Pei와 함께 중국 노래(Chinese Pop Song)의 가사를 해석해 보는 쉬어가는 코너입니다. QR코드가 제공되며 QR코드를 통해 노래를 들을 수 있습니다. 책과 강의를 보고 가사를 완벽히 이해한 후 따라 불러 보세요! 생소했던 중국 노래도 내 것으로 만들어 가고, 더 나아가 중국어 실력도 UP되는 시간이 될 거예요.

목차

마중의 글 4
이 책의 구성 5

CHAPTER #1 공감 — 10

- ▶ UNIT 01 직장인의 비애 12
- ▶ UNIT 02 솔로라도 괜찮아! 18
- ▶ UNIT 03 인생에 만약은 없죠 24
- ▶ UNIT 04 확 매! 사표낸다! 30
- ▶ UNIT 05 우린 못생겨서 열심히 살아야 해요! 36
- ▶ UNIT 06 제 친구가 되어 주세요! 42
- ▶ UNIT 07 짝사랑도 사랑이죠 48
- ▶ UNIT 08 여배우의 SNS #1 54
- ▶ UNIT 09 여배우의 SNS #2 60
- ▶ UNIT 10 남자 사람의 SNS 66
- ▶ C-POP   #1 여름을 닮은 나와 가을을 닮은 너 72
           #2 어떡하지 76

CHAPTER #2 감동 — 80

- ▶ UNIT 01 〈아저씨〉 명대사 #1 82
- ▶ UNIT 02 〈아저씨〉 명대사 #2 88
- ▶ UNIT 03 〈베테랑〉 명대사 94

- ▶ UNIT 04 〈대지진〉 명대사 #1 — *100*
- ▶ UNIT 05 〈대지진〉 명대사 #2 — *106*
- ▶ UNIT 06 〈미생〉 명대사 — *112*
- ▶ UNIT 07 〈한국 드라마〉 명대사 모음 — *118*
- ▶ UNIT 08 〈남방소양목장〉 명대사 — *124*
- ▶ UNIT 09 〈동탁적니〉 명대사 — *130*
- ▶ UNIT 10 부모님 전상서 — *136*
- ▶ C-POP #1 아버지 — *142*
  - #2 안녕이라고 말하고 싶지 않아 — *146*

CHAPTER #3 재미 — *150*

- ▶ UNIT 01 한 글자로 말해요 — *152*
- ▶ UNIT 02 치킨 명언 번역하기 — *158*
- ▶ UNIT 03 숫자로 배우는 사자성어 — *164*
- ▶ UNIT 04 다이어트는 내일부터 — *170*
- ▶ UNIT 05 공신 vs 깡통 — *176*
- ▶ UNIT 06 우리 헤어져! — *182*
- ▶ UNIT 07 그대들도 외롭나요? — *188*
- ▶ UNIT 08 달콤 살벌 연애 — *194*
- ▶ UNIT 09 신조어 & 유행어 — *200*
- ▶ UNIT 10 박명수 어록 — *206*
- ▶ C-POP #1 차도 없고 집도 없네 — *212*
  - #2 사랑한다면 안아주세요 — *216*

배웅의 글 — *220*

#1 CHAPTER

공감

Unit 01	직장인의 비애
Unit 02	솔로라도 괜찮아!
Unit 03	인생에 만약은 없죠
Unit 04	확 마! 사표낸다!
Unit 05	우린 못생겨서 열심히 살아야 해요!
Unit 06	제 친구가 되어 주세요!
Unit 07	짝사랑도 사랑이죠
Unit 08	여배우의 SNS #1
Unit 09	여배우의 SNS #2
Unit 10	남자 사람의 SNS
C-pop	#1 여름을 닮은 나와 가을을 닮은 너 #2 어떡하지

공감 01

직장인의 비애

01-01-01

공감 (10) ▼

└ **직장인의 비애**
└ 솔로라도 괜찮아!
└ 인생에 만약은 없죠
└ 확 매! 사표낸다!
└ 우린 못생겨서
  열심히 살아야 해요!
└ 제 친구가 되어 주세요!
└ 짝사랑도 사랑이죠
└ 여배우의 SNS #1
└ 여배우의 SNS #2
└ 남자 사람의 SNS

감동 (10)

재미 (10)

C-POP (2) ▼
└ 여름을 닮은 나와
  가을을 닮은 너
└ 어떡하지

흔한 직장인의 일주일

출근하면 퇴근을 기다리고 일요일 밤에 갑자기 머리가 아픈 건 중국인들도 마찬가지인가 봅니다. 흔한 직장인들의 하소연 속에서 월요병, 불금, 멘붕을 대신할 재미있는 중국어 표현들을 찾아보세요. 월요일부터 일요일을 표현하는 언어유희는 덤으로 챙겨가세요.

① 周一来了，星期一综合症…

월요일이 와 버렸어, 월요병……

- 星期一   ➡ Monday
- 忙day   ➡ Mángday

② 星期二，怎么周末还那么远啊。

화요일, 주말은 언제 오는가……

- 星期二   ➡ Tuesday
- 求死day   ➡ Qiúsǐday

③ 星期三，真是前不着村，后不着店啊。真崩溃。

수요일은 정말 빼도 박도 못하는구나. 진짜 멘붕!

- 星期三   ➡ Wednesday
- 未死day   ➡ Wèisǐday

❹ 星期四，再忍忍…还有一天。

목요일, 참자… 하루 남았어.

- 星期四 ➡ Thursday
- 受死day ➡ Shòusǐday

**❺ 星期五，嘻嘻，最后一天!
今天晚上可以放松了!**

금요일, 데헷, 마지막 하루다!
오늘 밤은 달려도 된다고!

- 星期五 ➡ Friday
- 福来day ➡ Fúláiday

❻ 星期六，耶! 周末来了!

토요일, Yeah! 주말이 왔다!

- 星期六 ➡ Saturday
- 洒脱day ➡ Sǎtuoday

❼ 星期天，恶心的周一又要来了。

일요일, 극혐 월요일이 또 오려고 해.

- 星期天 ➡ Sunday
- 伤day ➡ Shāngday

> **극혐**이란 극한의 혐오를 일컫는 말로 다할 극(極)과 싫어할 혐(嫌)을 사용하여 만들어진 신조어로 오픈어학사전에도 등재되어 있는 표현입니다.

단어

┗ **综合症** [zōnghézhèng]
　명사 증후군

┗ **前不着村/
　后不着店** [qiánbùzhuócūn/
　hòubùzhuódiàn]
　성어 곤경에 처해 의지할
　곳이 없다

┗ **崩溃** [bēngkuì]
　동사 붕괴하다, 무너지다,
　와해되다
　(우리말 신조어 '멘붕'과 동
　일한 어감)

┗ **忍** [rěn]
　동사 참다, 견디다

┗ **嘻嘻** [xīxī]
　동사 (부끄러워하는) 웃음
　소리, 헤헤

┗ **放松** [fàngsōng]
　동사 느슨하게 하다,
　정신적 긴장을 풀다

┗ **耶** [yē]
　감탄사 yeah

┗ **周末** [zhōumò]
　명사 주말

┗ **恶心** [ěxin]
　동사 속이 메스껍다,
　구역질이 나다

단어

└ 记者 [jìzhě]
  명사 기자

└ 上班族 [shàngbānzú]
  명사 샐러리맨, 회사원

└ 采访 [cǎifǎng]
  동사 인터뷰하다

└ 觉得 [juéde]
  동사 ~라 생각하다

└ 痛苦 [tòngkǔ]
  명사 고통, 아픔

└ 上班 [shàngbān]
  동사 출근하다

└ 起床 [qǐchuáng]
  동사 기상하다

└ 比 [bǐ]
  동사 비교하다

흔한 샐러리맨의 인터뷰

이번엔 흔한 직장인의 눈물 없이는 볼 수 없는 인터뷰를 만나볼게요.
야근보다 슬픈 무상 야근을 통해 '중국어 비교구문'을 익혀 보세요.

记者　可以采访您一下吗？
上班族　好啊！

记者　您觉得人生中最大的痛苦是什么？
上班族　上班！每天早上很早就要起床。

记者　还有比上班更痛苦的吗？
上班族　天天上班！一天的工作都很忙。

记者　还有比天天上班更痛苦一些的吗？
上班族　加班。

记者　还有比加班更。。。？
上班族　比加班更痛苦的就是天天加班，
　　　　比天天加班更更痛苦的就是无偿加班！！！

记者　同命相连的兄弟！！

KR

기자	인터뷰에 응해주실 수 있으신가요?
샐러리맨	좋아요!
기자	선생님 생각에 인생에서 제일 큰 고통은 무엇인가요?
샐러리맨	출근이요. 매일 아침마다 너무 일찍 일어나야 하거든요.
기자	출근보다 더 힘든 것이 있으세요?
샐러리맨	날마다 출근하는 거요. 하루의 일이 너무 바빠요.
기자	매일 출근하는 것보다 더 고통스러운 것은 무엇인가요?
샐러리맨	야근하는 거요.
기자	그러면 야근하는 것보다 더…….
샐러리맨	야근보다 더 고통스러운 건 매일 야근하는 것이고, 매일 야근하는 것보다 더욱더 고통스러운 건 무상 야근하는 거예요!
기자	동병상련의 형제여! (와락)

단어

- 天天 [tiāntiān]
  부사 매일, 날마다

- 加班 [jiābān]
  동사 시간 외 근무를 하다

- 无偿 [wúcháng]
  형용사 무상의, 보수가 없는

- 同命相连 [tóngmìngxiānglián]
  성어 삶의 즐거움과 슬픔을 함께함을 이르는 말 (동병상련)

- 兄弟 [xiōngdì]
  명사 형제

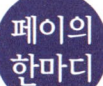

페이의 한마디

恶心的周一又要来了。[ěxin de zhōuyī yòu yào láile]

극혐 월요일이 또 오려고 해.

페이의 노련하고 다채로운 지침서

还有比上班更痛苦的吗?
[háiyǒu bǐ shàngbān gèng tòngkǔ de ma]

▶ **비교문** : A와 B의 성질·특징을 비교할 때 比를 활용하여 비교문을 만듭니다.

기본형	你比我胖。	넌 나보다 뚱뚱해.
还, 更	你比我<u>更</u>胖。	넌 나보다 <u>더</u> 뚱뚱해. (你比我还胖。)
一点儿	你比我胖<u>一点儿</u>。	넌 나보다 뚱뚱하네. <u>조금</u>.
多了, 得多	你比我胖<u>多了</u>。	넌 나보다 뚱뚱하네. <u>많이</u>. (你比我胖得多。)
수량사	你比我胖<u>3公斤</u>。	넌 나보다 뚱뚱하네. <u>3kg이</u>.
부정형	你<u>不</u>比我胖。	넌 나<u>보다</u> 뚱뚱하지 <u>않아</u>.
	我<u>不</u>比你胖。	난 너<u>보다</u> 뚱뚱하지 <u>않아</u>. (나와 네가 비슷하게 뚱뚱함)
	我<u>没有</u>你胖。	난 너<u>만큼</u> 뚱뚱하지 <u>않아</u>. (네가 나보다는 확실히 뚱뚱함)

비교구문에 很, 非常, 真과 같은 정도부사는 쓰지 않습니다.
你比我很胖。(×) → **你比我胖多了**。
비교문의 부정은 不와 没(有)로 모두 가능합니다. 단 不 부정은 'A는 B와 비슷하거나 못하다'의 의미이고,
没(有)부정은 'A가 B보다 못하다'라는 의미입니다.

星期天，恶心的周一又要来了。
[xīngqītiān, ěxīn de zhōuyī yòu yào lái le]

▶ **임박한 상황** : 사건이나 어떠한 행동이 앞으로 발생할 것을 나타내는 구문 (要~了)으로
이때 了는 어기조사로 문장 끝에 놓입니다.

기본형	要结婚了。	결혼하려고 해.
	要回国了。	귀국하려고 해.
응용형	<u>快</u>要回国了。	곧 귀국하려고 해.
	<u>就</u>要回国了。	곧 귀국하려고 해.

* 要 앞에 快 또는 就를 붙여 보다 시간이 임박했음을 표현할 수 있습니다.

단, 시간이 매우 몹시 촉박하다 하더라도 **快**를 붙일 때 주의할 점이 있습니다.
明天快要回国了。(×) → **明天就要回国了**。
快는 **明天**과 같은 시간명사와 함께 쓰지 않으며 내일 '퀵(**快**)'하게 가는 것이 아니라 내일 '바로(**就**)' 가는 것이라고 이해하면 됩니다.

페이의 **소**중한 댓글, **통**쾌한 답변

[쪼꼬찐만두-(남)]
最近我们公司很忙，看起来我要加班了。
요즘 회사가 너무 바빠요, 보아하니 난 또 야근할 듯.
이렇게 쓰면 되나요? **加班** 때문에 **直播**(본방)을 못 봐서 미안해요.

[페이]
哇塞，好厉害！ 우와, 대단해요!
你的汉语一天比一天好！ 님의 중국어는 날마다 쑥쑥!

[거대호-(남)]
星期一二三四五，每天有加班，该死的公司。
월, 화, 수, 목, 금 매일 야근이 있어, 이 죽일 놈의 회사.

[페이]
有를 빼면 문장이 더 자연스럽습니다.
加班 따위 가지지 마세요.

[막내오빠-(남)]
今天比昨天很累。
오늘이 어제보다 더 힘들어요.

오답

[페이]
很을 **更**이나 **还**로 바꿔쓰세요. **比**는 **更**, **还** 하고만
어울리고 **很**, **非常**, **真**과는 겸상하지 않아요!

공감 02
솔로라도 괜찮아!

공감 (10)
- 직장인의 비애
- **솔로라도 괜찮아!**
- 인생에 만약은 없죠
- 확 매 사표낸다!
- 우린 못생겨서 열심히 살아야 해요!
- 제 친구가 되어 주세요!
- 짝사랑도 사랑이죠
- 여배우의 SNS #1
- 여배우의 SNS #2
- 남자 사람의 SNS

감동 (10)

재미 (10)

C-POP (2)
- 여름을 닮은 나와 가을을 닮은 너
- 어떡하지

본격! 솔로를 위한 중국어 표현!

작년 이맘때도 솔로였던 여러분을 위해서 솔로와 관련된 재미있는 표현들을 가지고 왔습니다. 중국어로 솔로는 뭐라고 표현하는지 궁금하시죠? 학원에서는 안 알려주는 실전 중국어 꿀 표현들 놓치지 마세요.

① 活该你单身!
솔로라니 꼴 좋다!

(2010년 중국에서 상영된 임심여(林心如) 주연의 영화 제목이기도 해요.)

② 单身万岁… 光棍节快乐…。
솔로 만세… 솔로의 날 축하…

③ 希望明年今天我不再是一个人吃饭。
내년 오늘에는 혼자서 밥 먹지 않게 해주세요.

④ 别**拿**和尚**当**光棍!

승려를 솔로로 취급하지 마!

⑤ 喜欢的狗不出现，出现的狗不喜欢。

좋아하는 개는 나타나지 않고 나타난 개는 싫고.

⑥ 单身狗也是狗，秀恩爱也属于虐狗行为。
可以不爱，但请不要伤害。

솔로 개도 개예요!(솔로도 사람이에요!)
염장질도 학대 행위에 포함됩니다.
저를 사랑하지 않아도 좋으니 상처 주지 마세요!

⑦ 你为什么单身？
大家都觉得像我这样的人不可能是单身，
然后就都不考虑我了。

네가 왜 솔로야?
모두가 나 같은 사람은 솔로일리 없다고 한다.
그리고는 나를 (연애 상대로) 고려하지는 않는다.

단어

- 活该 [huógāi]
  구어 ~해도 싸다

- 单身 [dānshēn]
  명사 솔로, 싱글(single)

- 光棍 [guānggùn]
  명사 홀아비, 독신남, 솔로

- 光棍节 [guānggùnjié]
  명사 솔로의 날
  (중국에서는 11/11이 솔로의 날 입니다)

- 和尚 [héshang]
  명사 승려, 중

- 秀恩爱 [xiùēn'ài]
  자신의 연애를 과시함
  (秀는 영어 show의 언어유희)

- 属于 [shǔyú]
  동사 ~에 속하다

- 虐 [nüè]
  형용사 가혹하다

- 行为 [xíngwéi]
  명사 행위, 행동

- 伤害 [shānghài]
  동사 상하게 하다,
  손상시키다, 다치게 하다

- 然后 [ránhòu]
  접속사 그런 후에, 연후에,
  그 다음에

- 考虑 [kǎolǜ]
  동사 고려하다

단어

└ **男票** [nánpiào]
　신조어　남자친구
　(男朋友의 줄임말)

└ **因为** [yīnwèi]
　접속사　왜냐하면

└ **家里** [jiāli]
　명사　집, 집안

└ **不让** [búràng]
　동사　허락하지 않다,
　허용하지 않다

└ **谈恋爱** [tánliàn'ài]
　동사　연애하다,
　사랑을 속삭이다

└ **女票** [nǚpiào]
　신조어　여자친구
　(女朋友의 줄임말)

신조어 챙겨가기!

앞에서 해석이 이상하게 느껴졌던 부분이 있지는 않았나요? 아마 **单身狗**라는 중국어 신조어 때문일 거예요. 이번에는 2015년 대륙의 인기 신조어인 **单身狗**와 **男票** 챙겨가세요.

你为什么没有男票？
넌 왜 남자친구가 없어?

 因为我家里不让我谈恋爱。
那，你为什么没有女票？
집에서 연애 못하게 하거든.
넌 왜 여자친구가 없는데?

因为你家里还不让你谈恋爱。
너희 집에서 너한테 연애 못하게 하니까.

신조어

> 我叫单身狗….
> 저는 솔로입니다…

单身狗 [dānshēngǒu]
연애를 하지 않거나 결혼을 하지 않은 사람이 자신의 신세를 자아풍자적으로 이르는 말

단어

└ **单身狗**
[dānshēngǒu]
`신조어` `유행어` 솔로가 자신의 신세를 풍자적으로 이르는 말

└ **排队** [páiduì]
`동사` 순서대로 정렬하다, 줄을 서다

> 单身狗在这里排队。
> 솔로는 줄을 서시오~

单身인 것도 서러운데 单身狗라고 하니 더 슬프시죠? 예, 그렇게 더 처절한 어감을 주려고 생긴 표현입니다. 그렇지만 귀여운 풍자이니 나쁜 오해는 No!

신조어

> 这是我的女票!
> 이건 제 여자친구랍니다!

女票 [nǚpiào]
여자친구 (女朋友 nǚpéngyou를 일컫는 신조어)
女朋友를 빠르게 반복해서 발음해 보세요. 女票와 발음이 비슷해질 때까지…
男票의 의미는 설명하지 않아도 아시겠죠?

페이의 한마디

希望明年今天我不再是一个人吃饭。
[xīwàng míngnián jīntiān wǒ búzàishì yígerén chīfàn]

내년 오늘에는 혼자서 밥 먹지 않게 해주세요.

Unit 02 솔로라도 괜찮아!

페이의 노련하고 다채로운 지침서

因为我家里不让我谈恋爱。
[yīnwèi wǒ jiāli búràng wǒ tánliàn'ài]

▶ **사역동사 让** : 让은 사역동사로 '~로 하여금 ~하게 하다'라는 뜻을 가집니다.
　　　　　　　단 매번 '~가 ~로 하여금 ~하게 하다'라고 해석을 하면 번거로우므로 '지시하다'
　　　　　　　의 의미로 이해하면 됩니다.

기본형	金部长让我喝酒。	김부장이 내게 술을 지시함.
	她让我早点儿回家。	그녀가 내게 이른 귀가를 지시함.
부정형	她不让我休息。	그녀는 날 못 쉬게 함.
	妈妈不让我玩儿游戏。	엄마가 게임 못 하게 함.
지시자의 생략	让我进去吧。	들어가게 해줘. (지시자는 '상대방(청자)'임을 추측할 수 있음)
행위자의 생략	老婆不让抽烟。	마누라가 담배 못 피우게 해. (행위자는 '나(남편)'임을 추측 가능)

 부정형은 不让의 형태로 활용해야 합니다.
妈妈让我不去中国。(×) → 妈妈不让我去中国。 엄마가 날 중국에 못 가게 해.

别拿和尚当光棍!
[bié ná héshang dāng guānggùn]

▶ **拿A当B** : A를 B로 여기다

기본형	他拿我当朋友。	그는 나를 친구로 여긴다.
금지형	别拿我的感情当游戏。	내 마음을 장난이라 여기지 마!
의문형 1	你拿我当什么？朋友还是男朋友？	넌 날 뭘로 여기는 거야? 친구야, 남친이야?
의문형 2	你拿我当你的男朋友吗？	나를 네 남친으로 여기는 거니?
결과보어의 활용	她拿我当成备胎。	그녀는 나를 '스페어'로 여긴다. (결과보어 成을 붙여 사용)
把자 활용	你在把我当备胎吧？	너 지금 날 '스페어'로 여기는 거지?

＊ **备胎**[bèitāi] 스페어 타이어. 남녀 관계에서의 잠시 놀아줄 엔조이 상대

페이의 소중한 댓글, 통쾌한 답변

[악플계의 놀부-(남)]
明年光棍节的时候我一定要交女朋友。
내년 솔로데이에는 반드시 여자친구를 사귈 거야.

[페이]
我支持你交上女朋友! 여자친구 사귀길 응원합니다!
加油! 파이팅!

[즈시엔-(남)]
我又是单身又是短身。所以为了交女朋友我要努力学习。
난 솔로에다가 키도 작다. 그래서 여자친구를 사귀기 위해서 난 열공해야 한다.
单身(단신), **短身**(단신) 2combo

[페이]
短身이라고 표현한 의도는 알겠지만 일반적으로 '키가 작다'는 '**矮(ǎi)**'로 표현합니다.
근데, **努力学习** 보다는 **努力挣钱**을 하셔야 될 것 같아요.

[부유-(남)]
别拿我当光棍! 我有女朋友! 在电脑里。。。ㅠㅠ。
나를 솔로 취급하지 마! 난 여자친구가 있다고! 컴퓨터 안에…ㅠㅠ
라고 말하고 싶었는데, 'ㅠㅠ'는 중국어로 어떻게 표현해요?

[페이]
ㅠㅠ는 중국어로 **呜呜**라고 해요. wuwu하고 우는 소리를 발음이 비슷한 한자로 표현한 것이 **呜呜**랍니다. **呜**와 **五**의 발음이 같아서 인터넷에서는 55로 쓰기도 해요.

Unit 02 솔로라도 괜찮아! 23

공감 03
인생에 만약은 없죠

🔊 01-03-01

공감 (10)
- 직장인의 비애
- 솔로라도 괜찮아!
- **인생에 만약은 없죠**
- 확 매! 사표낸다!
- 우린 못생겨서 열심히 살아야 해요!
- 제 친구가 되어 주세요!
- 짝사랑도 사랑이죠
- 여배우의 SNS #1
- 여배우의 SNS #2
- 남자 사람의 SNS

감동 (10)

재미 (10)

C-POP (2)
- 여름을 닮은 나와 가을을 닮은 너
- 어떡하지

만나 보자, 인생 글귀

〈인생〉이라는 심오한 소재로 좀 더 어른스러운 중국어를 만나볼까요?
고단했을 여러분의 하루에 오늘의 글귀가 아주 작은 쉼이 되면 좋겠어요.

① 人生没有如果。只有结果和后果。

인생에 만약은 없다. 오직 결과만이 있을 뿐!

② 人生没有彩排，每天都是直播。

인생에 리허설은 없다. 매일이 생방송이다.

③ 我的人生我做主！

내 인생의 주인공은 나!

④ 人生是一本书，我们每个人都在写它。

인생은 한 권의 책이다. 우리는 모두 그 책을 쓰고 있는 중이다.

⑤ 扑通扑通我的人生。

두근두근 내 인생.

⑥ 也许有一天，你发觉日子特别艰难，那可能是这次的收获将特别的巨大。

어느 날 당신의 일상이 너무 힘들다고 느껴진다면,
그건 아마도 이번에 얻을 수확이 엄청 크기 때문일 거예요.

⑦ 人生赢家 VS 人生输家

输家总是抱怨他们已经尽力了。

인생 위너 VS 인생 루저
루저들은 언제나 자신이 최선을 다했다고 찡찡댄다.

- 赢家 [yíngjiā] 승리자, 위너
- 输家 [shūjiā] 패배자, 루저

단어

└ 如果 [rúguǒ]
　접속사 만약, 만일

└ 只有 [zhǐyǒu]
　동사 오직 ~만 있다

└ 结果 [jiéguǒ]
　명사 결과, 성과

└ 后果 [hòuguǒ]
　명사 뒷일, 뒤탈, 결과

└ 彩排 [cǎipái]
　동사 리허설하다

└ 直播 [zhíbō]
　동사 생중계하다

└ 做主 [zuòzhǔ]
　동사 주인이 되다,
　책임지고 결정하다

└ 扑通 [pūtōng]
　의성어·의태어 쿵, 쾅, 꽈당,
　첨벙, 풍덩

└ 也许 [yěxǔ]
　부사 어쩌면, 아마도

└ 发觉 [fājué]
　동사 깨닫다

└ 艰难 [jiānnán]
　형용사 어렵다, 힘들다

└ 收获 [shōuhuò]
　명사 동사 수확(하다)

└ 巨大 [jùdà]
　형용사 아주 크다

└ 抱怨 [bàoyuàn]
　동사 원망하다

└ 尽力 [jìnlì]
　동사 전력을 다하다

Unit 03 인생에 만약은 없죠 25

단어

└ 微笑 [wēixiào]
  동사 미소 짓다
  명사 미소

└ 赞美 [zànměi]
  동사 찬양, 칭송하다

└ 勤 [qín]
  형용사 부지런하다

└ 行动 [xíngdòng]
  명사 동작, 행동

└ 脑筋 [nǎojīn]
  명사 두뇌, 머리, 지능

└ 活 [huó]
  형용사 유동적이다
  동사 살다, 생존하다

└ 效率 [xiàolǜ]
  명사 능률, 효율

└ 轻 [qīng]
  형용사 (무게가) 가볍다

└ 理由 [lǐyóu]
  명사 이유, 까닭, 연유

└ 脾气 [píqi]
  명사 성질

└ 肚量 [dùliàng]
  명사 구어 아량, 포용력

알지만 안 지켜지는 인생 십계명

잘하고 있어요. 오늘의 여러분은 충분히 근사해요. 그런데 알아두면 참 좋을 것 같은 중국어 구절들이 있어 여러분과 공유하려 해요.

人生十点 인생 십계명

① 微笑多一点   미소는 많이
② 赞美多一点   칭찬도 많이
③ 做事勤一点   일은 성실히
④ 行动快一点   행동은 빨리
⑤ 脑筋活一点   뇌는 풀가동
⑥ 效率高一点   효율 1등급
⑦ 说话轻一点   목소리 낮추고
⑧ 理由少一点   변명은 적게
⑨ 脾气小一点   성질 죽이고
⑩ 肚量大一点   아량 넓히기

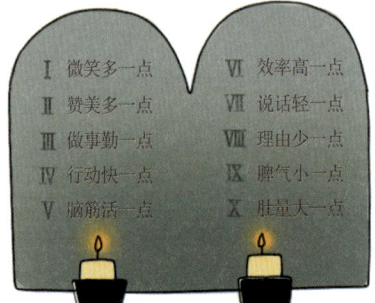

当你知道珍惜时已经太晚，

当你学会坚持时已经太累，

当你爱后爱你的人却离你而去，

这就是人生。

소중하다는 것을 알았을 땐 이미 늦었고,
견딜 수 있게 되었을 땐 이미 지쳤고,
사랑한 후엔 이미 떠나가 버리는 것,
그것이 바로 인생이다.

人生就像一次旅行，

不必在乎目的地，

重要的是沿途的风景和看风景的心情。

인생은 여행과 같아요.
목적지에 닿는 것에만 연연하지 말아요.
중요한 것은 그 길을 따라 펼쳐진 풍경과
그 풍경을 대하는 마음입니다.

단어

- 珍惜 [zhēnxī]
  동사 아끼다, 소중히 여기다
- 坚持 [jiānchí]
  동사 견지하다, 유지하다, 고수하다
- 却 [què]
  부사 도리어, 오히려
- 旅行 [lǚxíng]
  동사 여행하다
- 不必 [búbì]
  부사 ~할 필요 없다
- 在乎 [zàihu]
  동사 ~에 있다
- 目的地 [mùdìdì]
  명사 목적지
- 重要 [zhòngyào]
  동사 중요하다
- 沿途 [yántú]
  부사 길을 따라
- 风景 [fēngjǐng]
  명사 풍경, 경치
- 心情 [xīnqíng]
  명사 심정, 감정

페이의 한마디

人生是一本书，我们每个人都在写它。
[rénshēng shì yìběn shū, wǒmen měigerén dōu zài xiě tā]
인생은 한 권의 책이다. 우리는 모두 그 책을 쓰고 있는 중이다.

페이의 노련하고 다채로운 지침서

人生没有如果。只有结果和后果。
[rénshēng méiyǒu rúguǒ。zhǐyǒu jiéguǒ hé hòuguǒ]

▶ 只有, 只要, 只是, 只能, 只不过의 활용

只有	我只有你一个人。	난 너 하나 뿐이야. (~밖에 없다)
只要	只要你开心，我就很幸福。	네가 기쁘면 난 행복해. ('~하기만 하면'의 의미로 就와 호응)
只是	我们只是朋友。	우리는 그저 친구입니다. ('단지, 오로지'의 의미)
只能	我只能爱你。	난 널 사랑할 수 밖에 없어. (~할 수 밖에 없다)
只不过	那只不过是冰山的一角。	그건 빙산의 일각에 불과해. (다만 ~에 불과하다)

扑通扑通我的人生。
[pūtōngpūtōng wǒde rénshēng]

▶ 의성어 : 扑通扑通이 두근두근 이었다니,
우리말 '의성·의태어'와는 좀 다르죠? 나온 김에 짚고 넘어 갈까요?

❶ 嗡嗡[wēngwēng] 바람이 부는 소리, 윙윙, 붕붕

❷ 咕咕[gūgū] / 咕噜[gūlū] 꼬르륵 (肚子咕噜咕噜叫 : 배에서 꼬르륵 소리가 난다.)

❸ 阿嚏[ātì] (재채기 할 때 나는 소리로) 에취 / 喀喀[kākā] 콜록콜록

❹ 嘣嘣[bēngbēng] (심장이 두근두근 하는 소리) 쿵쿵

❺ 叽叽喳喳[jījizhāzhā]，嘁嘁喳喳[qīqīchāchā] 재잘재잘, 조잘조잘, 주절주절

❻ 咔嚓[kǎchā] 찰칵, 우지끈, 우지직

❼ 嘀嗒[dīdā] (물방울 떨어지는 소리) 똑똑, 뚝뚝 / (시계추 흔들리는 소리) 똑딱

페이의 소중한 댓글, 통쾌한 답변

[태양기사-(남)]
很多人说人生很难，不过我相信，从小部分开始，从今天开始，从我开始的话，我的明天一定会美好。

많은 사람이 인생은 어렵다고 말해요. 하지만 저는 믿어요. 작은 부분부터, 오늘부터, 나부터 시작한다면 우리의 미래는 반드시 아름다울 거예요.

[페이]
우와~ 작문도 잘하셨고 내용도 너무 좋아요!
哇塞！给力！ 우와, 대박!

[태양기사-(남)]
其实是马云的语录。嘻嘻~

실은, 마윈 어록이에요. 히히~

[병준-(남)]
我相信，人生没有什么特别的捷径，只有努力。
난 믿는다. 인생에는 특별한 지름길이 없고 오직 노력만 있다는 것을.

[페이]
今天太阳从西边出来了吗？
오늘 해가 서쪽에서 뜸?

공감 04
확 마! 사표낸다!

본격! 사직서로 공부하는 중국어

어느 직장을 가더라도 나를 힘들게 만드는 상사는 반드시 존재하나 봅니다. 저는 매번 '이 치약만 다 쓰면 퇴사해야지…'라는 생각으로 버텼었는데, 이번 콘텐츠를 준비하면서 그때 생각이 많이 나네요. 哭笑不得!

01-04-01

공감 (10)
- 직장인의 비애
- 솔로라도 괜찮아!
- 인생에 만약은 없죠
- **확 마! 사표낸다!**
- 우린 못생겨서 열심히 살아야 해요!
- 제 친구가 되어 주세요!
- 짝사랑도 사랑이죠
- 여배우의 SNS #1
- 여배우의 SNS #2
- 남자 사람의 SNS

감동 (10)

재미 (10)

C-POP (2)
- 여름을 닮은 나와 가을을 닮은 너
- 어떡하지

❶ 老板，我要辞职。
사장님, 저 그만두겠어요.

❷ 老婆，我想辞职了，行吗?
여보, 나 그만두고 싶어. 그래도 돼?

❸ 辞职吧! 我养你!
때려치워! 내가 먹여 살릴게!

❹ 老子不干了!
나 님은 안 할란다!

30 Chapter #1 공감

5 世界那么大，我想去看看。

세상이 그렇게 넓다는데, 제가 한 번 가 보려구요.

(2015년 대륙의 네티즌들에게 찬사를 받은 사직서)

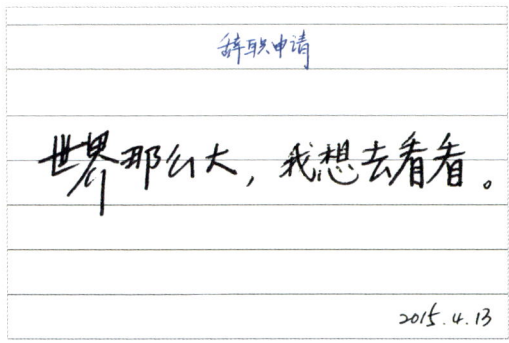

6 钱包那么小，谁都走**不了**。

지갑이 홀쭉하여 그 누구도 못 가는구나.

(인기 사직서 구문의 패러디)

7 快递员的辞职信：

周围全是没电梯的小区。

택배 기사의 사직서 :
주위에 전부 엘리베이터가 없는 단지뿐이에요.

8 设计师的辞职信：

辞职信(改)，辞职信(修改稿)，

辞职信(最最最终结稿)。

디자이너의 사직서 :
사직서(수정본), 사직서(재수정본), 사직서(진짜진짜진짜최종본)

단어

- 老板 [lǎobǎn]
  명사 사장, 주인

- 辞职 [cízhí]
  동사 사직하다

- 老子 [lǎozi]
  명사 이 몸
  (인터넷상의 '나 님'이란 어감의 유행어)

- 养 [yǎng]
  동사 부양하다

- 快递员 [kuàidìyuán]
  명사 택배기사

- 辞职信 [cízhíxìn]
  명사 사직서

- 周围 [zhōuwéi]
  명사 주위, 주변

- 小区 [xiǎoqū]
  명사 (주택·아파트) 단지

- 设计师 [shèjìshī]
  명사 디자이너

- 改 [gǎi]
  동사 고치다

- 修改 [xiūgǎi]
  동사 고치다, 수정하다

- 稿 [gǎo]
  명사 원고, 작품

- 终结 [zhōngjié]
  동사 끝내다

단어

- 离职 [lízhí]
  동사 사직하다

- 养猪 [yǎngzhū]
  동사 돼지를 기르다

- 批准 [pīzhǔn]
  동사 허가하다

- 秘书 [mìshū]
  명사 비서

- 出差 [chūchāi]
  동사 출장 가다

- 老板娘 [lǎobǎnniáng]
  명사 사장 부인, 안주인

- 倒闭 [dǎobì]
  동사 도산하다

- 狮子座 [shīzizuò]
  명사 사자자리

- 摩羯座 [mójiézuò]
  명사 염소자리

- 天生 [tiānshēng]
  형용사 타고난

- 相克 [xiāngkè]
  명사 상극

중국, 세 줄 사직서 대회 수상작으로 공부하기

얼마 전 중국에서 인터넷을 통해 〈세 줄 사직서 쓰기 대회〉가 있었는데요. 그 중에는 재미있는 사직서들도 많고 좋은 문장들도 눈에 보여서 여러분과 공유하고 싶었어요. 중국 네티즌들의 창의력 넘치는 사직서로 기분 좋게 학습해 주세요.

⑨ 离职原因：我要像梦一样

回家养猪，请批准。

퇴사 이유 : 나는 꿈에서처럼 고향에 가서 돼지나 키울 겁니다. 허락해 주시죠.(우리가 '집에서 소나 키워야지.'라고 말하는 것과 유사한 느낌)

⑩ 老板，你和秘书出差的事老板娘知道吗？

사장님, 사장님과 비서님의 그날 일을 사모님도 아십니까?

⑪ 我看得出公司要倒闭了。

딱 보니 이 회사 부도나겠네.

⑫ 我是狮子座，你是摩羯座，我们天生相克。

나는 사자자리, 너는 염소자리, 우린 태생이 상극이다.

13 老板，我柔弱的身躯跟不上你伟大的梦想。

사장님, 저의 이 비루한 몸뚱이로는
당신의 그 위대한 꿈을 따라갈 수가 없네요.

14 为了公司的利益，
我主动申请去对面公司卧底。

회사의 이익을 위해
자발적으로 경쟁사에 잠입하겠습니다.

15 雾霾太大，我找不到公司的路。

스모그 때문에 회사 가는 길을 못 찾겠네요.

단어
└ 柔弱 [róuruò] 형용사 유약하다
└ 身躯 [shēnqū] 명사 몸, 신체
└ 跟不上 [gēnbúshàng] 동사 따라갈 수 없다
└ 伟大 [wěidà] 형용사 위대하다
└ 梦想 [mèngxiǎng] 명사 꿈, 이상
└ 利益 [lìyì] 명사 이익
└ 申请 [shēnqǐng] 동사 신청하다
└ 卧底 [wòdǐ] 명사 첩자, 스파이
└ 雾霾 [wùmái] 기상 스모그

페이의 한마디

世界那么大，我想去看看。
[Shìjiè nàme dà wǒ xiǎng qù kànkan]
세상이 그렇게 넓다는데, 제가 한 번 가 보려구요.

페이의 노련하고 다채로운 지침서

我要像梦一样回家养猪，请批准。
[wǒ yào xiàng mèng yíyàng huíjiā yǎngzhū, qǐng pīzhǔn]

▶ **像 비교문** : 비교하는 두 대상의 성질이 닮았는지를 설명합니다. 해석은 '～처럼'으로 하면 됩니다.

기본형	像明星一样漂亮。	연예인처럼 예쁘다.
	像我一样爱她。	나처럼 그녀를 사랑하는군요.
一样의 생략	他像富二代那么有钱。	그는 재벌 2세처럼 돈이 많다.
의문형	你的女儿像你一样聪明吗？	당신 딸도 당신처럼 똑똑해요?
	你的女儿像你那么漂亮吗？	당신 딸도 당신처럼 그렇게 예쁘나요?
부정형	不像你说的那么容易。	네 말처럼 그렇게 쉽지 않아.

* 富二代 [fù'èrdài] 재벌 2세를 일컫는 신조어
  穷二代 [qióngèrdài] 빈곤한 가장의 자녀를 일컫는 신조어. (富二代의 상대적 개념)

钱包那么小，谁都走不了。
[qiánbāo nàme xiǎo, shéi dōu zǒubuliǎo]

▶ **가능보어** : 술어 뒤에 쓰여 어떠한 결과나 상황의 도달 가능 여부를 설명해줍니다.

긍정형	동사 + 得 + 了[liǎo]	
	只要你在我身边，我就都受得了。	너만 옆에 있어 주면, 난 다 견뎌낼 수 있어. (가능)
	爸爸吃得了苦，受得了委屈。	아빠는 고생도 참을 수 있고, 억울함도 견딜 수 있어. (가능)
부정형	동사 + 不 + 了[liǎo]	
	这么多菜我一个人吃不了。	이 많은 음식을 나 혼자서는 못 먹는다. (불가능)
	胖了，去年买的衣服都穿不了。	살쪘어, 작년에 산 옷 다 못 입어. (불가능)
	我们一起走过的路，我全都忘不了。	우리 함께 걷던 길, 난 모두 잊을 수 없어. (불가능)

페이의 소중한 댓글, 통쾌한 답변

[tome-(여)]
我要像裴一样学汉语,明年开直播。
나도 페이님처럼 중국어 공부해서 내년에 방송해야지.

[페이]
被炒鱿鱼了吗? 회사 잘린 거예요?

[구욤구욤-(여)]
샤넬化妆品那么好, 我也买看看。
샤넬 화장품이 그렇게 좋다는데, 저도 사고 싶네요.
언니! 제가 화장품 선물로 드릴게요!

[페이]
意思意思就行了。 마음만 받을게.
그만 좀 사.
Ps. 샤넬은 중국어로 夏奈尔[xiànàiěr]

[성원성원이-(남)]
我忘不了你教的汉语。
페이님이 가르쳐 주신 중국어를 잊을 수가 없습니다.
이렇게 쓰는 게 맞나요?

[페이]
真棒! 최고!
근데, 자꾸 까먹으시잖아요.
记不了吗? 기억 못하시겠어요? -_-;;;

Unit 04 확 매! 사표낸다! **35**

공감 05
우린 못생겨서 열심히 살아야 해요!

01-05-01

공감 (10) ▼
- 직장인의 비애
- 솔로라도 괜찮아!
- 인생에 만약은 없죠
- 확 마! 사표낸다!
- **우린 못생겨서 열심히 살아야 해요!**
- 제 친구가 되어 주세요!
- 짝사랑도 사랑이죠
- 여배우의 SNS #1
- 여배우의 SNS #2
- 남자 사람의 SNS

감동 (10)

재미 (10)

C-POP (2) ▼
- 여름을 닮은 나와 가을을 닮은 너
- 어떡하지

노력을 키워드로 쉬운 문장 번역하기

요즘 많이 힘드시죠? 공부도, 일도, 연애도… 공감 다섯 번째 시간에는 '노력'을 주제로 자꾸 작아지는 스스로에게 위로를 전해 보았어요. 공감할 수 있는 문장을 중국어로 공부하고 스스로에게 좋은 문장을 선물해 보세요.

①　不努力一定不会成功。
노력하지 않으면 성공은 없다.

②　再努力一点点。
조금만 더 노력해 봐요.

③　他们穷不是因为他们不努力。
그들의 가난은 그들이 노력하지 않아서가 아니다.

④　自己不努力没人能帮你。
스스로 노력하지 않으면 그 누구도 너를 도울 수 없다.

5 今天不努力工作，明天努力找工作。

오늘 열심히 일하지 않으면 내일은 열심히 일을 찾을 것이다.

6 关于爱情，我也明明努力过。

사랑에 대해서라면 나도 열심히 해 봤다.

7 我没有伞，所以我要努力奔跑。

난 우산이 없기에 더 열심히 뛰어야만 한다.

8 少壮不努力，一生在内地！

젊은 날 노력하지 않으면 남은 생은 내륙에서만!

9 你只是看起来很努力。

너는 보기에만 노력하는 거야.

단어

- 努力 [nǔlì] 동사 노력하다
- 成功 [chénggōng] 동사 성공하다
- 穷 [qióng] 형용사 가난하다
- 因为 [yīnwèi] 접속사 왜냐하면 / 개사 ~때문에
- 找工作 [zhǎogōngzuò] 동사 직업을 구하다
- 关于 [guānyú] 개사 ~에 관해서
- 爱情 [àiqíng] 명사 사랑
- 明明 [míngmíng] 부사 분명히
- 伞 [sǎn] 명사 우산
- 奔跑 [bēnpǎo] 동사 빨리 달리다
- 少壮 [shàozhuàng] 형용사 젊고 힘이 넘친다
- 一生 [yìshēng] 명사 일생, 평생
- 内地 [nèidì] 명사 내륙, 내지
- 看起来 [kànqǐlái] 동사 보아하니, 보기에

단어

- 只要 [zhǐyào]
  접속사 ~하기만 하면

- 后悔 [hòuhuǐ]
  동사 후회하다

- 人才 [réncái]
  명사 인재

- 人力 [rénlì]
  명사 인력

- 聪明 [cōngming]
  형용사 똑똑하다

- 给不了 [gěibuliǎo]
  동사 줄 수가 없다

- 想要 [xiǎngyào]
  동사 ~하려고 하다

- 生活 [shēnghuó]
  명사 생활

- 越~越 [yuè~yuè~]
  구어 ~할수록 ~하다

- 幸运 [xìngyùn]
  형용사 운이 좋다

노력을 키워드로 조금 복잡한 문장 번역하기

어느 책에서 그랬어요. 너무 열심히 하지 말라고. 하지만 전 우산이 없으니 더 열심히 달릴래요. 여러분도 가슴 속에 좋은 글귀 하나를 품고 오늘을 버티는 힘을 얻으셨으면 좋겠어요.

⑩ 只要努力过，就不后悔。

열심히 한다면 후회는 없어.

⑪ 你是人才还是人力。

要努力的工作，更要聪明的工作。

당신은 인재인가, 인력인가.
열심히 일하는 것보다 중요한 것은 똑똑하게 일하는 것.

⑫ 你不努力，谁也给不了你想要的生活。

당신이 노력하지 않으면,
그 누구도 당신이 원하는 삶을 선물할 순 없어요.

⑬ 越努力，越幸运。

노력하는 자에게 행운이...

14 你在荒废时间的时候，
别人都在拼命。

네가 빈둥빈둥할 때
다른 사람들은 모두 죽을 둥 살 둥 산다.

15 将来的你，
一定会感激现在拼命的自己。

미래의 넌 최선을 다해 오늘을 견딘 너에게
분명 고마워하게 될거야.

16 即使没人注视，也要努力成长。
许多眼睛，都藏在你看不见的地方。

비록 아무도 알아주지 않는다 해도
우린 열심히 살아내야 해요.
수많은 눈들이 당신이 보이지 않는 곳에서
당신을 지켜보고 있거든요.

단어

└ 荒废 [huāngfèi]
동사 허비하다

└ 时间 [shíjiān]
명사 시간

└ 别人 [biéren]
대명사 남, 타인

└ 拼命 [pīnmìng]
동사 죽을 힘을 다하다

└ 将来 [jiānglái]
명사 장래, 미래

└ 感激 [gǎnjī]
동사 감격하다

└ 即使 [jíshǐ]
접속사 설령 ~하더라도

└ 注视 [zhùshì]
동사 주목하다

└ 藏 [cáng]
동사 숨기다, 숨다

└ 地方 [dìfang]
명사 곳, 장소, 부분

페이의 한마디

我没有伞，所以我要努力奔跑。
[wǒ méiyǒu sǎn suǒyǐ wǒ yào nǔlì bēnpǎo]
난 우산이 없기에 더 열심히 뛰어야만 한다.

페이의 노련하고 다채로운 지침서

关于爱情，我也明明努力过。
[guānyú àiqíng, wǒ yě míngmíng nǔlì guo]

▶ **개사 关于** : 사물의 범위, 내용 및 어떤 것에 관련된 사람이나 일에 대해 말할 때 쓰이는 개사(전치사) '~에 관하여'로 해석합니다.

예문
关于这件事儿，我们要商量。　이 일에 관해 우린 상의가 필요하다.
关于她的服装，我没有什么意见。　그녀의 의상에 관해 난 별다른 의견이 없다.

주의사항

1. 关于는 대상을 대하는 주관적인 태도에 대해 말할 때는 적절하지 않습니다.
   关于他的服装，我们很感兴趣。(×) → 对于他的服装，我们很感兴趣。
   그의 의상에 관해 관심이 있다.(×) → 그녀의 의상에 대해 관심이 있다.
   关于老师的指教，我表示感谢。(×) → 对于老师的指教，我表示感谢。
   선생님의 지도에 관해 감사를 표하다.(×) → 그 선생님의 지도에 대해 감사를 표하다.
   즉 주관적 태도에 대해 말할 때는 对于[duìyú]를 사용합니다.

2. 关于는 주어 앞에만 놓일 수 있습니다.
   我关于中国文化很有了解。(×) → 关于中国文化我很有了解。 중국 문화에 관해 이해도가 높다.
   단 对于는 주어 앞·뒤 모두 놓일 수 있습니다.
   我对于中国文化很感兴趣。 나는 중국 문화에 대해 관심이 많다.
   对于中国文化我很感兴趣。 중국 문화에 대해 나는 관심이 많다.

即使没人注视，也要努力成长。
[jíshǐ méi rén zhùshì, yě yào nǔlì chéngzhǎng]

▶ **복문접속사 即使~也** : 설령 ~라 할지라도
가정을 나타내는 접속사로 앞 문장에서 발생할 수 있는 일을 이야기한 후, 뒷 문장에서 정말 그런 상황이 되었을 때 해야 할 일을 표현합니다.

예문
即使你们拿冠军，也不应该得瑟。　설령 금메달을 따더라도, 잘난 척하면 안 된다.
即使老师不在，也不要逃课。　설령 선생님이 안 계시더라도, 땡땡이는 안 된다.

还의 사용
即使你爱的人不是我，我还爱你。　설령 네가 사랑하는 사람이 내가 아니라도, 난 널 사랑해.
即使她离开你，还不应该恨她。　그녀가 널 떠나더라도, 그녀를 미워해선 안 된다.

* 得瑟 [dése] '까불다, 잘난 척하다'를 이르는 신조어로 嘚瑟로 기재하기도 합니다.
* 逃课 [táokè] '땡땡이 치다'

페이의 소중한 댓글, 통쾌한 답변

[시고니-(남)]
看起来，今年我一定会交上女朋友的。
下星期我还去相亲~
보아하니 난 올해 여자친구를 반드시 사귈 수 있을 것이다.
저 다음 주에 또 소개팅 갑니다.

[페이]
语法上没有错误，不过。。。。会有吗?
咯咯咯咯咯咯 문법적으로 오류가 없지만... 생길까? ㅋㅋㅋ

[야오링-(남)]
小裴的直播越看越有魅力。
페이님의 방송은 볼수록 매력있네요.

[페이]
谢谢您的夸张。칭찬해 주셔서 감사합니다.
我会更加努力的。더 열심히 할게요~

[스냅백-(남)]
即使我变成穷，她喜欢我。
설령 내가 가난해지더라도, 그녀는 나를 좋아할 것이다.

[페이]
即使我变成穷鬼，她也会喜欢我。即使A也B
로 쓰세요. 그런데 가난이 대문으로 찾아오면 사랑은 창문으로 도망간
답니다. 냅백 씨.

공감 06
제 친구가 되어 주세요!

우정으로 배우는 중국어 〈난이도 下〉

중국어를 잘하기 위해서는 우선 중국어에 대한 막연한 두려움을 떨쳐내고 중국어와 친해지는 것이 정말 중요한데요, 저와 함께 재미있는 문장들로 공부하신다면 중국어와 친구가 되는 것도 어렵지 않아요!

01-06-01

공감 (10)
- 직장인의 비애
- 솔로라도 괜찮아!
- 인생에 만약은 없죠
- 확 매! 사표낸다!
- 우린 못생겨서 열심히 살아야 해요!
- **제 친구가 되어 주세요!**
- 짝사랑도 사랑이죠.
- 여배우의 SNS #1
- 여배우의 SNS #2
- 남자 사람의 SNS

감동 (10)

재미 (10)

C-POP (2)
- 여름을 닮은 나와 가을을 닮은 너
- 어떡하지

❶ 朋友是另一个自己。
친구는 또 하나의 나.

❷ 朋友一生一起走。
친구야 평생 함께 가자.

❸ 我们仅仅是朋友。
우린 그저 친구일 뿐.

❹ 人生有这样的朋友就值了,不是吗?
이런 친구들이 있어 살아갈 만하지 않나요?

5 朋友就是无需想起，因为从来没忘记。

친구는 애써 기억할 필요 없어, 잊은 적이 없으니까.

6 人人都有一个人渣朋友，如果你没有，那你就是那个人渣。

누구에게나 모자란 친구가 하나씩은 있다.
만약 네게 그런 친구가 없다면 네가 바로 그런 친구다.

친구를 표현하는 여러 가지 방법

★ 好朋友[hǎopéngyou] 좋은 친구

★ 老朋友[lǎopéngyou] 오랜 친구

★ 知心朋友[zhīxīnpéngyou] 허물없는 친구(지기)

★ 闺密[guīmì] 소울 메이트(일반적으로 여자끼리의 소곤소곤 베프)

★ 哥们儿[gēmenr] 형제 같은 친구(함께하면 무서울 게 없는 친구)

★ 铁哥们儿[tiěgēmenr] 의리 빼면 시체인 남자 친구

단어

└ 另 [lìng]
　대명사 다른

└ 自己 [zìjǐ]
　대명사 자기, 스스로

└ 仅仅 [jǐnjǐn]
　부사 단지, 그저

└ 这样 [zhèyàng]
　대명사 이렇다. 이러한

└ 值 [zhí]
　형용사 ~할 가치가 있다

└ 无需 [wúxū]
　동사 필요하지 않다

└ 想起 [xiǎngqǐ]
　동사 기억해내다

└ 从来 [cónglái]
　부사 여태껏

└ 忘记 [wàngjì]
　동사 잊어버리다

└ 人人 [rénrén]
　명사 매 사람

└ 人渣 [rénzhā]
　명사 인간쓰레기
　(원래는 '인간쓰레기'처럼 안 좋은 뜻의 말이지만, 이 책에서는 '모자란 사람' 정도로 순화해서 씀)

단어

- 羡慕 [xiànmù]
  동사 부러워하다

- 身边 [shēnbiān]
  명사 곁

- 许多 [xǔduō]
  형용사 매우 많다

- 其实 [qíshí]
  부사 사실

- 需要 [xūyào]
  동사 필요하다

- 数量 [shùliàng]
  명사 양, 수량

- 质量 [zhìliàng]
  명사 질

- 上天 [shàngtiān]
  명사 하늘, 하느님

- 决定 [juédìng]
  동사 결정하다

- 亲戚 [qīnqi]
  명사 친척, 가족

- 幸运 [xìngyùn]
  명사 행운

- 选择 [xuǎnzé]
  명사 **동사** 선택(하다)

- 方面 [fāngmiàn]
  명사 방면, 측

- 余地 [yúdì]
  명사 여지

우정으로 배우는 중국어 〈난이도 上〉

이번에는 난이도를 높여서 좀 더 긴 문장을 공유할 거예요. 마음에 드는 긴 문장 하나쯤 외워놓고 적절한 시기에 인용한다면 그렇게 멋있을 수가 없답니다. 문장이 좀 길어졌을 뿐이지, 많이 어려운 문장은 결코 아니니까 한 번 도전해보세요.

7 会不会羡慕别人身边总是有许多朋友，其实不需要羡慕，朋友要的不是数量，而是质量。

다른 사람 곁에 늘 많은 친구가 있어 부럽지 않나요? 사실 부러워할 필요는 없답니다. 친구는 많음보다는 깊음이니까.

8 上天决定了谁是你的亲戚，幸运的是在选择朋友方面它给你留了余地。

하늘은 누가 당신의 가족이 될지 결정했죠.
다행인 것은 친구를 선택할 여지는 당신에게 남겨 두었다는 것.

❾ 好的朋友就是，在一起时都是小孩，分开了都是大人。
玩起来都是小孩，做起事来都是大人。
在彼此家长面前都是小孩，在彼此朋友面前都是大人。

좋은 친구란 같이 있을 땐 어린애 같아도 각자의 자리에선 어른이 되는 것. 놀땐 초딩 같고, 일할 땐 프로 같은 것. 엄마 눈엔 꼬마들 같지만 친구들 눈엔 근사한 것.

단어

└ 小孩 [xiǎohái]
　명사 어린이

└ 分开 [fēnkāi]
　동사 떨어지다

└ 大人 [dàren]
　명사 성인, 어른

└ 彼此 [bǐcǐ]
　대명사 서로, 양쪽

└ 家长 [jiāzhǎng]
　명사 가장, 학부모

└ 回忆 [huíyì]
　동사 추억하다

└ 时光 [shíguāng]
　명사 시간, 때

└ 记忆 [jìyì]
　명사 기억

└ 画面 [huàmiàn]
　명사 화면

❿ 回忆那些年在一起的时光，
友情的岁月，是记忆里最美的画面。

함께 했던 시간을 추억해.
우리의 우정은 내 기억 한 켠의 가장 아름다운 장면이야.

페이의 한마디

朋友就是无需想起，因为从来没忘记。
[péngyou jiùshì wúxū xiǎngqǐ, yīnwèi cónglái méi wàngjì]
친구는 애써 기억할 필요 없어, 잊은 적이 없으니까.

페이의 노련하고 다채로운 지침서

朋友要的不是数量，而是质量。
[péngyou yào de búshì shùliàng, érshì zhìliàng]

▶ **복문 접속사 不是~而是~** : A가 아니고 B이다
역접을 나타내는 접속사로 뒷 문장의 내용이 앞 문장의 내용과 반대되는 의미를 가집니다.

예문
我不是中国人，而是韩国人。　　　　전 중국인이 아니고, 한국인입니다.
我不是在台湾留学，而是在北京留学。　전 대만이 아니라 북경에서 유학했습니다.

주의사항 不是~而是~ 구문은 不是~就是~ 구문과 자주 비교되는데 두 구문의 뜻은 완전히 다릅니다.

비교
她不是中国人，就是韩国人。　　　　그녀는 중국인이거나 한국인이다. (중국인 아니면 한국인)
她不是在台湾留学，就是在北京留学。　그녀는 대만에서 유학했을 수도 있고, 북경에서 했을 수도 있다.

人人都有一个人渣朋友。
[rénrén dōu yǒu yígè rénzhā péngyou]

▶ **명사의 중첩 人人~** : 人+人 = 사람마다
일부 명사는 중첩이 가능하며 중첩을 할 경우 '每'의 의미가 됩니다. 자주 사용되는 예를 봅시다.

人人	人人都有一个波霸朋友。	누구나 글래머 친구 한 명씩 있다. (每人의 의미)
家家	家家都有不听话的孩子。	집집마다 말 안 듣는 아이가 하나씩 있다. (每个家의 의미)
天天	我天天学习一个小时。	난 매일 1시간씩 공부한다. (每天의 의미)
年年	零整容美女的比率年年下降。	자연 미인의 비율이 해마다 감소한다. (每年의 의미)

* 波霸[bōbà] 가슴이 풍만한 여자를 일컫는 신조어로 大咪咪[dàmīmī]라고도 합니다.
* 太平公主[tàipínggōngzhǔ] 가슴이 평탄한 여자를 일컫는 말로 '절벽, 아스팔트 위에 껌'의 의미입니다. 搓板[cuōbǎn] '빨래판'도 동일한 의미로 활용됩니다.
* 零整容美女[língzhěngróngměinǚ] zero 성형 미인을 일컫는 말로 '자연산 미녀'를 일컫는 신조어입니다.

페이의 소중한 댓글, 통쾌한 답변

[하이매틱-(여)]
朋友的东西是我的，我的东西也是我的。
친구의 물건은 내 것이고, 내 물건도 내 것이다.

[페이]
果然是好朋友。 역시 좋은 친구네요.
这就是 '闺密'。 이게 바로 소울메이트죠. ㅋㅋ

오답

[제주엘지펜-(남)]
朋友们, 你今天晚上来我家喝不喝酒吗？
친구들아, 오늘 우리집에 와서 술 마시지 않으련?

[페이]
今天晚上要不要来我家喝酒？라고 쓰시면 됩니다. 정반의문문(喝不喝)은 그 자체가 의문문을 만들기 때문에 吗를 붙이지 않습니다.

[제주엘지펜-(남)]
谢谢！ 고마워요.
你有知心朋友吗？ 有几个？
페이님은 '지기'가 있나요? 몇 명 있어요?

[페이]
你们都是我的哥们儿~！ 哈哈
여러분이 저의 친구들이죠. 헤헷~

공감 07
짝사랑도 사랑이죠

01-07-01

공감 (10)
- 직장인의 비애
- 솔로라도 괜찮아!
- 인생에 만약은 없죠
- 확 매 사표낸다!
- 우린 못생겨서 열심히 살아야 해요!
- 제 친구가 되어 주세요!
- **짝사랑도 사랑이죠**
- 여배우의 SNS #1
- 여배우의 SNS #2
- 남자 사람의 SNS

감동 (10)

재미 (10)

C-POP (2)
- 여름을 닮은 나와 가을을 닮은 너
- 어떡하지

아련한 짝사랑 멘트 중국어로 공부하기 1

누구나 아련한 짝사랑의 경험이 있죠? 이번에는 고독한 여러분을 위해서 짝사랑을 주제로 콘텐츠를 구성해 봤어요. 문장 하나하나가 정말 여러분들의 이야기를 대신 해주는 것처럼 공감될 거예요. 데헷, 사랑이 밥 먹여 줍니까? 연애할 시간에 자기계발을 합시다! Go go!

① 我喜欢你，要不要告诉你？

내가 널 좋아한다고 말할까 말까?

② 我想你的时候，你也会想我吗？

네가 보고 싶을 때, 너도 내가 보고 싶을까?

③ 我怕你知道，又怕你不知道，
最怕你知道装作不知道。

네가 알까 두렵고 네가 모를까 봐도 두렵고
근데 제일 두려운 건 네가 알면서도 모르는 척 하는 거야.

4 如果有一天，我不再烦你，你会想我吗？

만약 어느 날, 내가 널 귀찮게 하지 않으면 넌 날 그리워 할까?

5 喂，你给我听着！我喜欢你！

야, 딱 들어! 나 너 좋아해!

6 其实一直暗恋你。

실은 줄곧 널 짝사랑 해 왔어.

7 你放的屁我都觉得特别香。

네 방귀 냄새마저도 향긋해.

8 耽误学习的不是早恋，是暗恋。

학업에 방해가 되는 건 '이른 사랑'이 아니라 '짝사랑'이다.

9 我想和你在一起，几天也好。
在某个地方，某个时间。

함께 있고 싶어 며칠만이라도. 어디든, 언제든.

단어

- 告诉 [gàosu] **동사** 말해주다, 알리다
- 怕 [pà] **동사** 무서워하다
- 装作 [zhuāngzuò] **동사** ~한 체하다
- 有一天 [yǒuyìtiān] **명사** 어느 날
- 烦 [fán] **형용사** 귀찮다
- 喂 [wèi] **감탄사** 야, 이봐
- 其实 [qíshí] **부사** 사실
- 一直 [yìzhí] **부사** 계속, 줄곧
- 暗恋 [ànliàn] **동사** 짝사랑하다
- 屁 [pì] **명사** 방귀
- 特别 [tèbié] **부사** 특히
- 香 [xiāng] **형용사** 향기롭다
- 耽误 [dānwu] **동사** 일을 그르치다
- 早恋 [zǎoliàn] **동사** 어린 나이에 연애하다
- 某 [mǒu] **대명사** 아무, 모, 어느

단어

- 错过 [cuòguò]
  동사 놓치다

- 仍然 [réngrán]
  부사 여전히

- 希望 [xīwàng]
  명사 **동사** 희망(하다)

- 幸福 [xìngfú]
  형용사 행복하다

- 快乐 [kuàilè]
  형용사 즐겁다, 행복하다

- 就算 [jiùsuàn]
  접속사 ~라 하더라도

- 机会 [jīhuì]
  명사 기회, 시기

- 也许 [yěxǔ]
  부사 어쩌면

- 敢 [gǎn]
  동사 감히 ~하다

- 出口 [chūkǒu]
  동사 말을 꺼내다

- 秘密 [mìmì]
  명사 비밀

아련한 짝사랑 멘트 중국어로 공부하기 2

가슴 시린 여러분의 이야기로 공부하니 중국어 공부가 더 재미있죠? 식상한 문장으로 공부하면 재미도 없고 금방 잊어버리게 되잖아요. 정해진 틀에서 벗어나 이렇게 살아있는 중국어 문장으로 공부하면 여러분의 중국어는 분명 특별해질 거예요. (그래도 안 생기겠지만요, 우끼까-)

10 不要再错过，不该错过的人。

놓치지 마세요, 놓치면 안되는 사람을…

11 我仍然希望你幸福快乐，就算你不爱我。

난 여전히 네가 행복하길 바라,
설령 네가 날 사랑하지 않는다 해도…

12 给爱你的人一次机会，也许你会爱上他。

당신을 짝사랑하고 있는 그에게 기회를 주세요.
어쩌면 당신도 그를 사랑하게 될지도…

13 暗恋，你的名字是我不敢说出口的秘密。

짝사랑, 너의 이름은 감히 내뱉을 수 없는 비밀.

14 我连一秒都没有拥有过她，却感觉已经失去她几万次。

난 단 1초도 그녀를 가진 적이 없는데, 느낌은 마치 수만 번 그녀를 잃었던 것 같다.

15 我暗恋你的时候，经常访问你的博客。然后删除访问足迹。

널 짝사랑할 때, 난 늘 네 블로그에 몰래 방문하고는 '다녀간 이웃'의 흔적을 삭제했지.

16 只要你的一眼，我就可以快乐。

네 눈길 한 번이면, 난 그저 행복해.

단어

- 连~都 [lián~dōu]
  접속사 ~조차도 ~하다

- 秒 [miǎo]
  양사 초(시간 단위)

- 拥有 [yōngyǒu]
  동사 가지다

- 感觉 [gǎnjué]
  동사 느끼다

- 失去 [shīqù]
  동사 잃어버리다

- 经常 [jīngcháng]
  부사 자주, 종종

- 访问 [fǎngwèn]
  동사 방문하다

- 博客 [bókè]
  명사 블로그

- 删除 [shānchú]
  동사 삭제하다

- 足迹 [zújì]
  명사 흔적, 족적

페이의 한마디

只要你的一眼，我就可以快乐。
[zhǐyào nǐ de yìyǎn, wǒ jiù kěyǐ kuàilè]

네 눈길 한 번이면, 난 그저 행복해.

페이의 노련하고 다채로운 지침서

我想你的时候，你也会想我吗？
[wǒ xiǎng nǐ de shíhou nǐ yě huì xiǎng wǒ ma]

▶ **会의 용법** : 동사를 보조하는 능원동사(조동사) 会는 동사 앞에 쓰여 몇 가지 역할을 합니다.

배우면 느는 会	我喜欢会玩儿的人。	나는 놀 줄 아는 사람이 좋아.
	你会喝酒吗？	너 술 마실 줄 알아?
부정형	我不会开车。	난 운전을 할 줄 몰라.
남보다 뛰어난 会	她真会穿衣服。	쟤 옷 진짜 잘 입는다. (真과 호응)
	我妈妈很会做菜。	우리 엄마는 음식을 정말 잘 하셔. (很과 호응)
추측과 필연의 会	她会喜欢我吗？	그녀가 날 좋아할까?
부정형	她绝对不会喜欢你。	그녀는 절대로 널 좋아할 리 없어.
필연	我们一定会结婚。	우리는 분명 결혼하게 될 거야.
会~的	我们一定会结婚的。	우리는 분명 결혼하게 될 거야. (的 활용 가능/의미는 동일)

我连一秒都没有拥有过她。
[wǒ lián yìmiǎo dōu méiyǒu yōngyǒu guo tā]

▶ **강조의 용법 连~ 都~** : ~조차도 ~하다
문장에서 부사어로 자주 사용되며 都는 也로 바꾸어 쓸 수 있습니다.

기본형	没什么进展，连手都没牵过。	진도가 안 나가. 손도 못 잡아봤어.
	她又怄气了，连短信都不发。	걔 또 삐졌어. 문자도 안 보내네.
也의 활용	他被女朋友甩了，痛得连饭也不吃。	걔 여친한테 차였어. 아파서 밥도 안 먹어.

* 牵手[qiānshǒu] 손을 잡다

* 怄气[òuqì]　토라지다, 삐치다

* 甩[shuǎi]　'떼어놓다, 떼어버리다'의 의미로 '누군가를 차버리다'라는 의미의 표현
　　　　　　내가 찼을 때 : 我把她甩了。
　　　　　　내가 차였을 때 : 我被她甩了。

페이의 소중한 댓글, 통쾌한 답변

[페가수스-(남)]
只要你向我笑一笑，我很开心。
네가 나를 향해 한 번 웃어주면, 나는 기뻐.

[페이]
只要는就랑 베스트 프렌드예요.
只要你向我笑一个，我就很开心。
이 훨씬 좋은 문장이에요. ☺

[쩡말오빠-(남)]
最近我身体特不舒服，连吃肉的力气都没有。
요즘 몸이 진짜 별로예요. 고기 먹을 힘도 없어….

[페이]
那么严重吗？ 我们的 '肉食男' 怎么回事儿？
그렇게 심각해요? 우리의 '육식남'에게 무슨 일이 생긴 거지?

[tiancaixixi-(남)]
我不能学汉语，可是我要看Pei的直播。
난 중국어를 못하지만 Pei의 방송을 볼 것이다.

오답

[페이]
배워야 할 수 있고, 배우면 느는 건 会! 그리고 이제 xixi님 중국어 할 줄 아니까. 会说汉语라고 써도 됩니다.
我会帮你的。 제가 도와드릴게요.

공감 08
여배우의 SNS #1

공감 (10)
- 직장인의 비애
- 솔로라도 괜찮아!
- 인생에 만약은 없죠
- 확 매 사표낸다!
- 우린 못생겨서 열심히 살아야 해요!
- 제 친구가 되어 주세요!
- 짝사랑도 사랑이죠
- **여배우의 SNS #1**
- 여배우의 SNS #2
- 남자 사람의 SNS

감동 (10)

재미 (10)

C-POP (2)
- 여름을 닮은 나와 가을을 닮은 너
- 어떡하지

대만 여신 3인방 진연희, 계륜미, 임심여 웨이보 번역하기

우리나라 연예인들이 인스타그램이나 트위터를 통해 팬들과 소통하는 것처럼 중화권 연예인들도 웨이보(중화권 SNS의 명칭)를 통해서 팬들과 소통을 한답니다. 이번 시간에는 대만을 대표하는 여자 연예인들의 웨이보에서 공부하기 좋은 문장들을 가져왔어요.

1 대만의 국민 첫사랑 진연희(陈妍希)

虽然大家都拥有了各自的梦想和生活，**但**我们仍然是我们！不曾变过！

비록 우린 서로 다른 꿈과 삶을 가지고 있지만, 그래도 우린 여전히 우리다! 변함없이!

(2015. 02월 친구들과 찍은 사진을 晒出하며 게시한 글)

*晒出[shàichū] : 원래 '햇볕을 쬐다'라는 의미지만, 'SNS에 게시물을 올린다'의 뜻으로 널리 사용

不管在哪里**都**要听丞琳宝贝的歌，我们都是值得幸福的人。

어디서든 승림짱의 노래를 들어. 우린 충분히 행복해도 되는 사람들이야.

(2015.02.17. 절친 양승림(杨丞琳/대만 가수겸 배우)을 언급하며 게시한 글)

谢谢你们愿意给我机会，也谢谢沿路的包容与陪伴，做得不够好的地方，我继续努力，心中除了感谢还是感谢。

제게 기회를 주셔서 감사해요. 언제나 응원해 주시고 함께 해 주신 것도요. 부족했던 부분은 제가 더 노력할게요. 그저 감사하다는 말 밖에는 ……

(2015. 03월 드라마 [신조협려] 촬영을 마친 후 게시한 글)

② 분위기 여신 계륜미(桂纶镁)

祝福快乐，自在，幸福，心宽体不胖！

기쁨과 자유, 행복을 기원해요. 마음은 풍요롭고 몸은 가볍게!

(2013. 4월 서기(舒淇)의 생일을 축하하며 게시한 글)

谢谢今天所有到场的观众，你们的加入，让电影有了更多意义。9月19日电影《触不可及》上映。

고마워요. 자리해 주신 관객 여러분, 덕분에 영화가 더 빛났어요. 9월 19일 〈촉불가급〉 개봉!

(2014. 9월 본인 출연작의 개봉을 기념하며 게시한 글)

③ 믿고 보는 배우 임심여(林心如)

每一天都是一个新的开始，每一次挑战都是自我的超越！

매일매일이 새로운 시작이다. 도전으로 한계를 극복한다!

(2015. 6월 본인의 분위기 있는 뒷모습 사진과 함께 게시한 글)

在冷静与热情之间，在获得的同时也在失去~

냉정과 열정 사이, 빛을 보내야 어둠을 맞이하지. (얻음과 잃음)

(2015. 6월 석양을 바라보는 사진과 함께 게시한 글)

단어

- 拥有 [yōngyǒu] 동사 가지다
- 仍然 [réngrán] 부사 여전히
- 不曾 [bùcéng] 부사 ~한 적 없다
- 变 [biàn] 동사 변하다
- 宝贝 [bǎobèi] 명사 귀염둥이, baby
- 值得 [zhídé] 동사 ~할 만한 가치가 있다
- 愿意 [yuànyì] 동사 바라다, 희망하다
- 机会 [jīhuì] 명사 기회
- 沿路 [yánlù] 부사 길을 따라
- 包容 [bāoróng] 동사 포용하다
- 陪伴 [péibàn] 동사 함께 하다
- 除了~还是 [chúle~háishi] 접속사 ~밖에 없다
- 心宽 [xīnkuān] 형용사 너그럽다
- 所有 [suǒyǒu] 형용사 모든, 전부의
- 意义 [yìyì] 명사 의의, 의미
- 上映 [shàngyìng] 동사 상영하다

단어

- 挑战 [tiǎozhàn]
  명사 도전

- 超越 [chāoyuè]
  동사 넘어서다, 초월하다

- 冷静 [lěngjìng]
  형용사 냉정하다, 침착하다

- 热情 [rèqíng]
  형용사 열정적이다

- 获得 [huòdé]
  동사 획득하다

- 感谢 [gǎnxiè]
  동사 감사하다

- 那些 [nàxiē]
  대명사 그들

- 如何 [rúhé]
  대명사 어떠한가

- 半天 [bàntiān]
  명사 한참, 한나절

- 却 [què]
  부사 도리어, 오히려

- 不了 [bùliǎo]
  부사 해낼 수 없다

대륙 여신 웨이보 훔쳐보기 : 유역비, 판빙빙

SNS를 통해서 공부하면 실제로 현지인들이 사용하는 표현들을 익힐 수 있어서 좋아요. 이번에는 대륙 여신들의 웨이보를 훔쳐볼까요?

④ 송승헌의 그녀 유역비(刘亦菲)

> 感谢那些不想爱我，不能爱我，
> 不愿爱我的人，是你们教会了我，
> 如何爱自己。

저를 사랑하고 싶지 않은, 저를 사랑할 수 없는, 저를 사랑하기 싫은 그대들에게 고마워요. 그대들 덕분에 어떻게 나 스스로를 사랑하는지를 배웠거든요.

(2014. 07월 본인 주연의 영화 〈露水红颜〉 포스터와 함께 게시한 글)

> 看到一句话笑了半天却也是真理。
> 这句话是：KO不了你的只会让你OK!!
> 金句，谢了！

글귀 하나를 보고 한참을 웃었다. 완전 와 닿는 그 글귀는 : 널 KO 시킬 순 없으니, 네게 더 완전한 OK를 받아 내겠어~! 꿀문장, 땡큐~!

(2015. 04월 운치 있는 흑백 사진과 함께 게시한 글)

5 대륙 여신의 대명사 판빙빙(范冰冰)

🔊 01-08-02

做男人的最后一个女人，才是真的幸福！

한 남자의 마지막 여자가 되는 것이야말로 진정한 행복이지!

〈2015. 07월 본인 주연의 영화〈양귀비〉현장 사진과 함께 게시한 글〉

能遇见《杨贵妃》这样的剧本和角色，是一个演员的幸福；
能遇见这个黄金导演组，是一个演员的终极幸运。

〈양귀비〉와 같은 시나리오, 그리고 배역을 만난 것은 배우로서의 행복！
최고의 연출진과 함께 일할 수 있음은 연기자로서의 행운!

〈2015. 07월 본인 주연의 영화〈양귀비〉포스터와 함께 게시한 글〉

단어

- 最后 [zuìhòu] 명사 최후, 마지막
- 幸福 [xìngfú] 형용사 행복하다
- 遇见 [yùjiàn] 동사 우연히 만나다
- 剧本 [jùběn] 명사 극본, 각본
- 角色 [juésè] 명사 배역, 역할
- 演员 [yǎnyuán] 명사 배우, 연기자
- 导演 [dǎoyǎn] 명사 연출자, 감독
- 终极 [zhōngjí] 명사 최종, 마지막
- 幸运 [xìngyùn] 명사 행운
- *杨贵妃 [yángguìfēi] 양귀비(당 현종의 비)

페이의 한마디

除了感谢还是感谢。[chúle gǎnxiè háishì gǎnxiè]
고맙다는 말 밖에는…

페이의 노련하고 다채로운 지침서

虽然大家都拥有了各自的梦想和生活，**但**我们仍然是我们！
[suīrán dàjiā dōu yōngyǒule gèzì de mèngxiǎng hé shēnghuó dàn wǒmen réngrán shì wǒmen]

▶ 복문 접속사 **虽然 ~ 但是 ~** : 비록 ~일지라도
　　　　　　역접 복문에 사용되는 접속사로 但是은 可是, 可와 바꿔 쓸 수 있습니다.

| 기본형 | 虽然我穿着增高垫，但是我个子比你高。　비록 내가 깔창은 넣었지만, 내 키가 너보다는 커. |
| 可是 사용 | 虽然我穿着增高垫，可是我个子比你高。　비록 내가 깔창은 넣었지만, 내 키가 너보다는 커. |

　　　　　　– 虽然은 앞절과 뒷절의 주어가 동일한지의 여부에 따라 주어 앞·뒤 모두에 놓일 수 있음.

| 주어 동일 | 我虽然不高，但是我不穿增高垫。　나는 비록 키가 작지만 깔창은 넣지 않는다. |

　　　　　　– 키 작은 나와 깔창을 넣지 않는 내가 동일 인물임. (**虽然**이 주어 뒤에 위치)

| 주어 다름 | 虽然你不高，但是我喜欢你。　너는 비록 키가 작지만 나는 네가 좋다. |

　　　　　　– 키 작은 너와 키를 개의치 않는 상대가 다른 인물 (**虽然**이 주어 앞에 위치)

　　　　　　* 增高垫[zēnggāodiàn]은 '(키높이) 깔창'의 의미로 단어 속 垫[diàn]은 우리말 '뽕'에 해당합니다. 여성의 뽕브라는 胸垫[xiōngdiàn]이라 합니다.

不管在哪里**都**要听丞琳宝贝的歌。
[bùguǎn zài Nǎlǐ dōu yào tīng chénglín bǎobèi de gē]

▶ 복문 접속사 **不管 ~ 都 ~** : ~하든지 간에 (尽管과 不管의 차이)
　　　　　　조건 복문에 사용되는 접속사로 어떠한 조건이든 결과는 같음을 표현할 때 사용합니다. (不论, 无论 호환 가능)

| 기본형 | 不管你在哪里，我都要跟你一起。　네가 어디에 있든 난 너와 함께할 거야. (都와 호응) |
| 기본형 | 不管你说什么，我都相信你。　네가 무슨 말을 하든 난 널 믿어. (都와 호응) |

　　　　　　– 임의의 지칭 什么, 怎么, 谁, 哪里 등과 호응함.

| 정반형 | 不管天气好不好，我都要参加。　날씨가 좋든 나쁘든 난 꼭 참여할 거야. |
| | 不管你信不信，我说的都是真的！　네가 믿든 안 믿든 내 말은 모두 사실이야. |

　　　　　　– 자주 혼동되는 尽管[jǐnguǎn]은 '설령 ~일지라도'라는 전환 관계를 의미 (주로 可是, 还是, 却 등과 호응)

| 예시 | 尽管月薪不多，我还是要当老师。　월급이 적더라도 나는 선생님이 되겠다. |

　　　　　　* 月薪[yuèxīn]은 '월급'의 의미로 工资[gōngzī], 薪水[xīnshuǐ] 등의 단어로 대체할 수 있습니다.

페이의 소중한 댓글, 통쾌한 답변

[치우미-(남)]
虽然她长得非常漂亮，可是她的性格不好。
不过...... 我还是喜欢她。
그녀는 예쁘게 생겼으나 성격이 별로다. 근데,, 그래도 난 그녀가 좋다.

[페이]
중국어도 이렇게 잘하는데...... **怎么没有女票?**
不管怎么样，我都支持你。
어찌 되었건 전 님을 응원해요~

[얄이쨩-(여)]
不管多难的考试，我要及格。
시험이 아무리 어려워도 난 합격할 것이다.
이렇게 쓰면 되는 건가요?

[페이]
不管考试难不难，我都要及格。 라고 쓰시는 게 옳아요. **不管**은 뒤에 일반적으로 **都**, **也**가 함께 동반되고 **好不好**, **难不难** 처럼 정반의 형태로 주로 활용됩니다.

[plus+sum-(남)]
尽管她不那么漂亮，我还是Pei直播的最坚实的后盾。
우리 Pei가 뭐 그렇게 예쁘진 않지만, 난 여전히 Pei 방송 최고의 쉴드 군단!

[페이]
哇~好感动！托您的福，今天也能够坚持。
Wow~ 감동입니다! 덕분에 오늘도 방송 계속해 나갑니다~

공감 09
여배우의 SNS #2

🎵 01-09-01

공감 (10) ▼
└ 직장인의 비애
└ 솔로라도 괜찮아!
└ 인생에 만약은 없죠
└ 확 매 사표낸다!
└ 우린 못생겨서
  열심히 살아야 해요!
└ 제 친구가 되어 주세요!
└ 짝사랑도 사랑이죠
└ 여배우의 SNS #1
└ **여배우의 SNS #2**
└ 남자 사람의 SNS

감동 (10)

재미 (10)

C-POP (2) ▼
└ 여름을 닮은 나와
  가을을 닮은 너
└ 어떡하지

추자현 & 이다해 웨이보 번역하기

이번에는 한국과 중국에서 다양한 활동을 하고 있는 두 배우의 웨이보를 들여다 볼까 해요. 대륙에서도 연기력을 인정 받은 노력하는 배우 추자현 씨와 미모와 연기력은 물론 중국어 실력까지 겸비한 배우 이다해 씨의 웨이보 속 좋은 글귀들을 만나봐요.

❶ 중국 진출의 모범답안 추자현(秋瓷炫)

做事: 尽心尽力且要自然，热情且不要勉强。

일할 땐: 마음을 다 하되 자연스럽고, 열정을 쏟되 무리하지 말기!

昨天又是难忘的日子，昨天和你们聊得好开心！你们是我最大的力量。"爱一直都在！"

어제를 잊을 수 없을 거예요. 여러분과 나눈 이야기들이 너무 행복했어요. 여러분은 제게 있어 최고의 에너지에요. 언제나 사랑합니다!

因为有你们，我的世界变得温暖，
因为有你们，我才拥有最美的时光！

여러분이 있어 제 세상은 이렇게 따뜻해요.
여러분 덕분에 제가 이렇게 최고로 근사한 시간을 보내게 되었어요!

❷ 중국어도 수준급, 준비된 배우 이다해(李多海)

凌晨和教插花的老师一起去花市！买了一大束花回家，家里都变得明亮了呢。

새벽에 꽃꽂이 쌤과 꽃시장에 다녀왔어요. 꽃을 한아름 사 왔지요. 집 안이 화사해졌어요.

最近我太忙了，没常更新微博，你们是不是伤心了？每天都拍戏，忙得团团转。
所以呢，为了赎罪，
给大家准备了最新的剧照！！！

요즘 너무 바빴어요. 웨이보도 자주 업데이트 하지 못했네요.
여러분 속상하셨죠? 정말 너무 바빠서 쩔쩔매고 있었어요.
미안한 맘에 신상 스틸 컷 올려드려요.

*微博[wēibó] 중화권 SNS의 명칭

今天上午没有拍摄~！因为拍摄地点在江原道的平昌。所以来附近的羊群牧场来玩~~~ 喂羊群吃草~ 空气也很清新，嘿嘿 太好了~！

오늘 아침엔 촬영이 없었어요. 촬영장이 강원도 평창이라, 근처 양 떼 목장에 왔지요~ 양들 건초도 주고~ 공기도 너무 좋고~ 아~ 완전 좋아요~!

*江原道 平昌[jiāng yuán dào Píngchāng] [지명] 강원도 평창

단어

- 做事 [zuòshì] 동사 일을 하다
- 尽心尽力 [jìnxīnjìnlì] 힘과 성의를 다하다
- 且~且~ [qiě~qiě~] 접속사 ~하면서 ~하다
- 勉强 [miǎnqiǎng] 형용사 간신히 ~하다
- 难忘 [nánwàng] 동사 잊기 어렵다
- 力量 [lìliang] 명사 힘, 역량, 능력
- 时光 [shíguāng] 명사 시간, 시절
- 凌晨 [língchén] 명사 새벽, 이른 아침
- 插花 [chāhuā] 동사 꽃꽂이하다
- 花市 [huāshì] 명사 꽃시장
- 束 [shù] 양사 묶음, 다발
- 明亮 [míngliàng] 형용사 밝다, 환하다
- 更新 [gēngxīn] 동사 업데이트하다
- 拍戏 [pāixì] 동사 (영화나 드라마를) 촬영하다
- 团团转 [tuántuánzhuàn] 동사 허둥지둥하다

단어

- 赎罪 [shúzuì]
  동사 속죄하다

- 剧照 [jùzhào]
  명사 스틸 컷

- 拍摄 [pāishè]
  동사 촬영하다

- 羊群 [yángqún]
  명사 양 떼

- 牧场 [mùchǎng]
  명사 목장

- 喂 [wèi]
  동사 (동물에게) 먹이를 주다

- 支持 [zhīchí]
  동사 지지하다

- 应援 [yìngyuán]
  동사 응원하다

- 安好 [ānhǎo]
  형용사 평안하다, 무사하다

- 地震 [dìzhèn]
  명사 지진

- 原来 [yuánlái]
  부사 원래, 본래

- 一瞬间 [yíshùnjiān]
  합성어 순식간

- 珍惜 [zhēnxī]
  동사 소중히 하다

- 第一次 [dìyīcì]
  명사 처음, 맨 처음

F(x) 빅토리아, miss A 페이 웨이보 번역하기

아이돌 그룹 F(x)의 리더 빅토리아는 대륙의 기적이라고 불릴 만큼 예쁘고 다재다능하죠. miss A의 페이 역시 예쁜 얼굴과 완벽한 몸매에 요리 실력까지 겸비하여 많은 사랑을 받고 있지요. 그녀들의 상큼한 SNS 글귀을 만나봐요.

❸ 다재다능한 F(X)의 리더 빅토리아(松茜)

谢谢大家，谢谢大家的支持，知道应援很辛苦，每次都很感谢也很感动。只要你们在，我就会努力**下去**，晚安。

여러분 고마워요. 응원을 한다는 게 얼마나 힘든지 잘 알아요. 매번 감사하고, 감동입니다. 그저 여러분이 곁에 있어 준다면 계속 열심히 할게요. 잘 자요.

第一次听说青岛有地震，原来没有什么是不可能的，发生只在一瞬间。珍惜时间，珍惜身边的人，愿一切安好。

청도에 지진이 났다는 이야기를 처음 들었어요. 세상에 일어나지 못하는 일이란 없고, 한 순간에 일어나죠. (그러니) 지금의 시간과 내 옆사람을 더 아껴주세요. 모두가 안녕하기를 바라요.

几周以来第一次睡到自然醒，幸福啊！下午好~!

몇 주만에 실컷 잤다. 완전 행복해! Good afternoon~!

*睡到自然醒 : 自然醒은 '(알람이나 누군가의 방해 없이) 자연스럽게 기상했다'의 의미로, '자고싶은 만큼 실컷 잤다'의 뜻

*青岛 [Qīngdǎo] [지명] 칭다오(청도) / 빅토리아의 고향

4 **miss A 페이(王霏霏)**

参鸡汤。补补身体，补补运，补补心。

삼계탕. 몸 튼튼, 운 튼튼, 맘 튼튼.

(보기만 해도 기운 나는 삼계탕 사진과 함께 올린 글)

想说，它长得很可爱，但是怎么会出现在辣牛肉汤里，所以最后我还是没吃。

요런 귀요미가 어떻게 육개장에서 나왔누~
결국 난 끝까지 못 먹었다는…….

(육개장에 빠져 버린 아기 쭈꾸미 사진과 함께 올린 글)

단어

- **以来** [yǐlái] 명사 이래, 동안
- **醒** [xǐng] 동사 잠에서 깨다
- **参鸡汤** [shēnjītāng] 명사 삼계탕
- **补** [bǔ] 동사 보충하다, 보양하다
- **出现** [chūxiàn] 동사 출현하다, 나타나다
- **辣牛肉汤** [làniúròutāng] 명사 육개장

 페이의 한마디

你们是我最大的力量。"爱一直都在！"
[nǐmen shì wǒ zuìdà de lìliàng ài yìzhí dōu zài]

여러분은 제게 있어 최고의 에너지에요. 언제나 사랑합니다!

페이의 노련하고 다채로운 지침서

因为拍摄地点在平昌。**所以**来附近的羊群牧场来玩。
[yīnwèi pāishè dìdiǎn zài píngchāng 。suǒyǐ lái fùjìn de yángqúnmùchǎng lái wán]

▶ 인과관계 접속사 **因为~所以** : ~때문에, 그래서~ (因为와 由于의 비교)

기본형	因为你长得帅，所以找工作不会太难。	넌 잘생겨서 직장 구하기가 어렵지 않을 거야.
	因为我长得丑，所以我要拼命学习。	난 못생겨서 죽기 살기로 공부해야 한다.
강조형	我要努力学习，因为我长得丑。	난 열심히 공부해야 해. 못생겼거든.
	– 因为는 뒷절에 쓰일 수 있다.	
由于활용	由于受天气的影响，因而今天不能参加运动会。	날씨의 영향으로, 운동회에 참여 하지 못한다.
	今天不能参加运动会，由于受天气的影响。(×)	
	– 由于는 뒷절에 쓰일 수 없다. (앞절에만 사용 가능)	
또 다른 차이점	由于는 주로 서면어에 활용. 因为는 구어 & 서면 다방면 활약	
	因为는 所以와 단짝이며 因而, 因此 등과는 호응되지 못하는 반면	
	由于는 所以뿐만 아니라 因而, 因此, 以致 등과 함께 활용 가능	

只要你们在，我就会努力**下去**。
[zhǐyào nǐmen zài, wǒ jiù huì nǔlì xiàqù]

▶ **下去**의 용법 : 계속해 나가다, 변화해 가다, (위에서 아래로) 내려가다

계속해 나가다	再艰难，我也要坚持下去。	더 힘들어도 난 계속해 나갈 거야. (동사 뒤)
	我们要活下去。永不放弃！	우리는 살아가야 한다. 포기하지 않고! (동사 뒤)
변화해 가다	最近她瘦下去，是怎么回事儿？	요즘 걔 점점 말라가. 어떻게 된 일이야? (형용사 뒤)
	不想再痛苦下去。	더는 힘들고 싶지 않아. (형용사 뒤)
내려가다	快下去吧。你男朋友在一楼等着你呢。	얼른 내려가 봐. 남자친구가 1층에서 기다려.
	我先下去了。你慢慢来吧。	나 먼저 내려갈게. 넌 천천히 와.

페이의 소중한 댓글, 통쾌한 답변

[장미짱22-(여)]

因为我真喜欢你的直播，也喜欢你的博客。
所以我非常希望你一直坚持下去。
我支持你，冲起来!

전 페이님 방송도 좋고 블로그도 좋아요. 그래서 계속해 나가셨음 좋겠어요. 응원합니다. 퐈이아!

[페이]

我相信这句话: 世上没有做不到的事儿，
只有坚持不了的人。

저는 "세상에 해내지 못할 일은 없다, 포기하는 자만 있을 뿐"이라는 글귀를 믿어요.

不要担心，我一定会坚持下去的!

걱정마세요, 전 끝까지 갑니다!

[장미짱22-(여)]

你还要相信，我一直都在。

이것도 믿어주세요. 제가 언제나 곁에 있다는 것. ^_^

[케슈칸트-(남)]

且行且珍惜。 있을 때 잘해!

중국 친구들이 이렇게 쓰는 것을 많이 본 거 같은데, 맞는 말인가요?

[페이]

중국 네티즌들이 인터넷에서 많이 사용하는 말입니다. 우리 케슈칸트는 벌써 이런 것도 스스로 알아내는 수준이네요? 且~ 且~는 '~하면서 ~하다'라는 뜻이 있어요.

一边~ 一边~과 비슷한 의미로 사용하면 되는 표현입니다. ^^

공감 10
남자 사람의 SNS

01-10-01

공감 (10)
- 직장인의 비애
- 솔로라도 괜찮아!
- 인생에 만약은 없죠
- 확 마! 사표낸다!
- 우린 못생겨서 열심히 살아야 해요!
- 제 친구가 되어 주세요!
- 짝사랑도 사랑이죠
- 여배우의 SNS #1
- 여배우의 SNS #2
- **남자 사람의 SNS**

감동 (10)

재미 (10)

C-POP (2)
- 여름을 닮은 나와 가을을 닮은 너
- 어떡하지

얼짱 수영선수 닝저타오 웨이보 번역하기

얼마 전 세계 수영선수권 대회에서 100M 금메달을 획득하며 큰 화제가 되었던 중국의 수영선수 '닝저타오'를 들어보셨나요? 수영 실력만큼 화제가 되었던 것은 김수현을 닮은 그의 외모였는데요, 대륙의 엄친아 닝저타오의 SNS를 통해 그의 매력에 한 번 더 빠져보겠습니다. 풍덩~

① 얼짱 수영선수 닝저타오(宁泽涛)

谢谢，十分感谢，礼物很喜欢。太不好意思了。希望大家不要送礼物了。多多关注游泳比赛，多多关注比赛中的我吧。

감사해요. 정말 감사해요. 선물 정말 마음에 들어요. 근데 너무 죄송한 마음입니다. 선물은 안 주셨으면 해요. 수영 경기에 더 많이 관심 가져주시고, 경기 중 저의 모습에 더 많은 관심 부탁드립니다.

深切体会做任何工作都不容易。
祝愿大家在自己的工作岗位上一切顺心。

세상에 쉬운 직업은 없다는 걸 확실히 알게 되었어요.
각자의 위치에서 모두 좋은 일만 가득하길.

谢谢大家的祝福，关心和支持，收到你们满满的爱和正能量！祝大家每天快乐健康！刚刚结束了上午的训练，午休，下午继续冲起来！

여러분의 관심과 응원에 감사 드립니다. 꽉 찬 사랑과 긍정 에너지 감사히 잘 받고 있어요. 여러분도 행복&건강하세요!
막 오전 훈련이 끝났어요. 점심 휴식 후 오후에도 힘낼게요!

*正能量[zhèngnéngliàng] '긍정에너지', '긍정의 힘' 등으로 해석할 수 있으며, 상대방에서 응원의 메시지를 보낼 때 유용한 표현입니다.

*冲起来[chòngqǐlái] '힘차다, 세차다'의 의미를 가진 冲과 '(떨쳐) 일어나다'의 의미를 가진 起来가 만나 '힘차게 일어납시다', '파이팅!'의 의미로 활용됩니다.

人生是一场修行，每个人都走自己的人生路上，学会舍得，承受，坚持，淡定，超脱，包容，感恩。
它们终将我们走向成熟，智慧和美丽。

인생은 수행의 장이죠. 모두가 각자에게 주어진 인생의 길에서 '베풂, 인내, 견지, 침착, 해탈, 포용, 감사'를 배웁니다. 그리고 결국 이것들이 우리를 더 성숙하고 지혜롭고 아름답게 만들죠.

단어

- 十分 [shífēn] 부사 매우, 아주
- 关注 [guānzhù] 동사 관심을 가지다
- 希望 [xīwàng] 동사 바라다
- 比赛 [bǐsài] 명사 경기, 시합
- 深切 [shēnqiè] 형용사 절감하다
- 任何 [rènhé] 대명사 어떠한
- 岗位 [gǎngwèi] 명사 직장, 근무처
- 顺心 [shùnxīn] 형용사 뜻대로 되다
- 支持 [zhīchí] 동사 지지하다
- 训练 [xùnliàn] 동사 훈련하다
- 午休 [wǔxiū] 동사 점심 휴식을 취하다
- 修行 [xiūxíng] 동사 수행하다
- 学会 [xuéhuì] 동사 습득하다, 배워서 알다
- 舍得 [shěde] 동사 인색하지 않다
- 承受 [chéngshòu] 동사 견뎌 내다

단어

- 坚持 [jiānchí]
  동사 견지하다

- 淡定 [dàndìng]
  형용사 침착하다

- 超脱 [chāotuō]
  동사 해탈하다

- 包容 [bāoróng]
  동사 포용하다

- 感恩 [gǎnēn]
  동사 감사하다

- 终将 [zhōngjiāng]
  부사 결국에는 ~일 것이다

- 成熟 [chéngshú]
  형용사 성숙하다

- 智慧 [zhìhuì]
  명사 지혜

- 美丽 [měilì]
  형용사 아름답다

- 满意 [mǎnyì]
  형용사 만족하다

- 麻烦 [máfan]
  형용사 귀찮다

- 对方 [duìfāng]
  명사 상대방

허지웅과 임지령의 웨이보 번역하기

이번에는 대륙의 국민 MC 허지웅 씨와 아들 바보 임지령 씨의 웨이보를 번역해봅시다. 남자가 쓴 예쁜 문장 이제는 여러분이 챙겨가세요!

② 중국의 국민 MC(何炅)

想做更好的自己，要先学习爱现在的自己。

더 근사한 내가 되고 싶다면 먼저 지금의 나를 사랑할 것.

最好的幸福，是做想做的自己，也让爱你的人满意。

최고의 행복은 하고 싶은 일을 하면서
당신을 사랑하는 이들까지 만족시키는 것.

不管大事小事都可以麻烦对方还不用说谢谢的朋友，我有。
你也有吧？

크건 작건 귀찮게 굴어도 고맙단 말이 필요 없는 친구! 전 있는데,
여러분도 있는 거죠?

❸ 원조 꽃미남에서 아들 바보로, 임지령(林志颖)

01-10-02

自己划的船，自己掌握方向，就像自己的生活一样。
大家一起加油吧！

홀로 타는 카누는 마치 인생처럼 스스로 방향을 잡아야 하죠.
우리 모두 파이팅입니다!

如果你觉得要出发，那么旅途中最困难的部分已经结束了。

만약 당신이 발걸음을 떼기로 마음 먹었다면,
이제 그 길에서 가장 큰 어려움은 없어진 거랍니다.

단어

└ 划 [huà]
　동사 배를 젓다

└ 船 [chuán]
　명사 배, 선박

└ 掌握 [zhǎngwò]
　동사 통제하다

└ 方向 [fāngxiàng]
　명사 방향

└ 如果 [rúguǒ]
　접속사 만약, 만일

└ 困难 [kùnnan]
　명사 어려움

└ 部分 [bùfen]
　명사 부분

└ 结束 [jiéshù]
　동사 끝나다, 마치다

페이의 한마디

想做更好的自己，要先学习爱现在的自己。
[Xiǎng zuò gèng hǎode zìjǐ yào xiān xuéxí ài xiànzài de zìjǐ]
더 근사한 내가 되고 싶다면, 먼저 지금의 나를 사랑할 것.

페이의 노련하고 다채로운 지침서

太不好意思了。
[tài bùhǎoyìsi le]

▶ **정도 부사 太~了와 太** : 같은 듯 다른 '太와 太~了'

太~ 형태의 문장에서 了가 없을 경우 '좋지 않은 것, 부적절한 것, 좋아하지 않는 것'을 표현합니다.

좋은 예   太脏(너무 더러워), 太贵(너무 비싸), 太累(너무 피곤해), 太热(너무 더워), 太难(너무 어려워)

나쁜 예   太好看. 太高兴. 太干净   (일반적으로 사람들이 좋아하는 것은 太와 어울리지 않음)

太~了는 '너무' 뿐만 아니라 '대단히, 매우' 등의 의미를 모두 가지기 때문에 太 뒤에 긍정·부정적인 것을 모두 놓을 수 있습니다.

긍정의 예   太高兴了, 太漂亮了, 太可爱了, 太干净了, 太安静了, 太好了

부정의 예   太脏了, 太贵了, 太累了, 太热了, 太难了, 太吵了

중화권 스타 웨이보 URL 모음

- ★ 임심여(林心如)   http://weibo.com/linxinru   믿고 보는 배우
- ★ 안젤라Baby(杨颖)   http://weibo.com/realangelababy   대륙의 얼짱 여신
- ★ 주동우(周冬雨)   http://weibo.com/u/1916655407   대륙의 인기 신예
- ★ 판빙빙(范冰冰)   http://weibo.com/fbb0916   대륙 여신의 대명사
- ★ 양멱(杨幂)   http://weibo.com/yangmiblog   대륙의 조각미녀
- ★ 조려영(赵丽颖)   http://weibo.com/210926262   대륙 공주
- ★ 서기(舒淇)   http://weibo.com/shuqi   홍콩의 분위기 여신
- ★ 하경(何炅)   http://weibo.com/hejiong   대륙의 국민MC
- ★ 녕택도(泞泽涛)   http://weibo.com/u/1609648201   얼짱 수영선수
- ★ 임지령(林志颖)   http://weibo.com/dreamerjimmy   원조 꽃미남
- ★ 이역봉(李易峰)   http://weibo.com/liyifeng2007   꽃미남 엔터테이너
- ★ 성룡(成龙)   http://weibo.com/jackiechan   중화권 대스타
- ★ 왕옥강(王玉岗)   http://weibo.com/wbq   대륙의 연기파 배우

페이의 소중한 댓글, 통쾌한 답변

[봄룡이나르샤(여)]

그러니까 **太高兴了**는 어색하지 않고, **太高兴**은 어색한 거죠?
그럼, 전 이렇게 쓸게요.

今天没有Pei的直播，我太难过。
오늘은 페이의 방송이 없어 너무 슬프다.

[페이]

你太厉害了！ 대단하세요!
我一说明，你就听得懂。非常感谢！嘻嘻。
설명 한 번이면 바로 이해해 주시니 너무 감사해요. 히히-

[봄룡이나르샤(여)]

过奖过奖，我说谢谢才对啊！
과찬이십니다. 제가 감사하죠. ^_^

[쩡똥하이-(남)]

因为我很努力工作，所以在公司很收欢迎。
난 열심히 일하기 때문에 회사에서 인기가 많다.

不过家里不收欢迎。
그러나 집에서는 인기가 없다….

[페이]

受와 收를 구분해서 사용할 줄 알아야 **受欢迎**이죠. ^_^
눈에 보이는 건 **收**！(**收礼物，收电子邮件**)
보이지 않으면 **受**(**受伤，受欢迎**).

一个像夏天一个像秋天

- C-POP (2)
  - 一个像夏天一个像秋天
  - 怎么办
- 공감 (10)
- 감동 (10)
- 재미 (10)

여름을 닮은 너와 가을을 닮은 나 (범위기)

친구. 우정이란 단어를 들으면 떠오르는 사람이 있나요? 그 사람을 생각하며 미소 만연한 시간 보내시길 바랄게요.
목소리 만큼 가사도 너무 예쁜 범위기(范玮琪)의 곡으로 달콤한 중국어 표현도 챙겨가세요.

第一次见面看你不太顺眼
dìyīcì jiànmiàn kàn nǐ bútài shùnyǎn

谁知道后来关系那么密切
shéi zhīdào hòulái guānxi nàme mìqiē

我们一个像夏天一个像秋天
wǒmen yíge xiàng xiàtiān yíge xiàng qiūtiān

却总能把冬天变成了春天
què zǒng néng bǎ dōngtiān biàn chéng le chūntiān

你拖我离开一场爱的风雪
nǐ tuō wǒ líkāi yìchǎng àide fēngxuě

我背你逃出一次梦的断裂
wǒ bèi nǐ táochū yícì mèng de duànliè

遇见一个人然后生命全改变
yùjiàn yígerén ránhòu shēngmìng quán gǎibiàn

原来不是恋爱才有的情节
yuánlái búshì liànài cái yǒu de qíngjié

如果不是你我不会相信
rúguǒ búshì nǐ wǒ búhuì xiāngxìn

朋友比情人还死心塌地
péngyou bǐ qíngrén hái sǐxīntādì

*死心塌地 [sǐxīntādì] '변함 없다, 마음을 정하여 결코 흔들리지 않다'

就算我忙恋爱
jiùsuàn wǒ máng liànài

把你冷冻结冰
bǎ nǐ lěngdòng jiébīng

你也不会恨我
nǐ yě bú huì hèn wǒ

只是骂我几句
zhǐshì mà wǒ jǐ jù

如果不是你我不会确定
rúguǒ búshì nǐ wǒ búhuì quèdìng

朋友比情人更懂得倾听
péngyou bǐ qíngrén gèng dǒng dé qīngtīng

我的弦外之音
wǒ de xiánwàizhīyīn

我的有口无心
wǒ de yǒukǒuwúxīn

我离不开darling更离不开你
wǒ líbukāi darling gèng líbukāi nǐ

你了解我所有得意的东西
nǐ liǎojiě wǒ suǒyǒu déyì de dōngxi

才常泼我冷水怕我忘形
cái cháng pō wǒ lěngshuǐ pà wǒ wàng xíng

你知道我所有丢脸的事情
nǐ zhīdào wǒ suǒyǒu diūliǎn de shìqíng

却为我的美好形象保密
què wèi wǒ de měihǎo xíngxiàng bǎomì

*弦外之音[xiánwàizhīyīn] '말 속에 숨은 뜻이 있다'
*有口无心[yǒukǒuwúxīn] '말이 직선적이다, 말이 거칠지만 악의는 없다'

단어

└ 顺眼 [shùnyǎn]
형용사 마음에 들다

└ 密切 [mìqiè]
형용사 밀접하다

└ 却 [què]
오히려

└ 变成 [biànchéng]
동사 ~(으)로 변하다

└ 拖 [tuō]
동사 잡아끌다

└ 逃出 [táochū]
동사 벗어나다

└ 断裂 [duànliè]
동사 갈라지다, 터지다

└ 情节 [qíngjié]
명사 줄거리

└ 相信 [xiāngxìn]
동사 믿다. 신뢰하다

└ 确定 [quèdìng]
동사 확정하다

└ 倾听 [qīngtīng]
동사 경청하다

└ 得意 [déyì]
형용사 대단히 만족하다

└ 泼冷水 [pōlěngshuǐ]
찬물을 끼얹다(흥을 깨다)

└ 忘形 [wàngxíng]
동사 평정을 잃다

└ 丢脸 [diūliǎn]
동사 체면을 잃다

└ 保密 [bǎomì]
동사 비밀을 지키다

C-POP (2)

- **여름을 닮은 나와 가을을 닮은 너**
  - 어떡하지
- 공감 (10)
- 감동 (10)
- 재미 (10)

잃어버린 감성까지 모두 모아 노래 번역 도전하기

주어진 단어를 앞뒤 문맥에 잘 녹여보세요. 번역도 생각보다 어렵지 않아요. 텍스트만으로 번역해 본 후 뮤직비디오와 함께 번역해 보고 마지막으로 제 번역과도 비교해보세요. 저의 오글오글 감성 번역이 별로라면 장군 번역도 좋고, 어린이 번역도 괜찮아요. 중요한 건 포기하지 않고 해보는 거니까요.

처음 만났을 땐 네가 썩 맘에 들진 않았어.
그런 우리가 이렇게 가까워질 줄 누가 알았겠니.

넌 여름을 닮았고, 난 가을을 닮았지.
그런 우리가 겨울도 봄으로 만들어 버렸지.

사랑의 수렁에 빠진 날 네가 구해줬고,
꿈을 잃었던 널 내가 구해주기도 했어.

한 사람을 알게 되고 세상이 바뀐 거야.
'사랑'이 아닌 '우정'에만 있을 수 있는 이야기들.

네가 아니었다면 난 믿지 못했을 거야.
친구 사이도 이렇게 단단할 수 있다는 걸.

내가 연애에 빠져서
널 잠시 춥게 만들었을 때도.

넌 날 미워하지 않았어.
욕 몇 마디는 했지만.

네가 아니었다면 난 확신할 수 없었을 거야.
친구이기에 더 귀담아 들을 수 있다는 것.

내 마음속 이야기들
내 무심한 이야기들

우리 자기와도 헤어질 수 없지만, 너랑은 더 못 헤어져.

내가 무얼 좋아하는지 다 아는 너,
내가 어디가서 망신당할까 가끔은 찬물을 끼얹은 너

나의 창피한 일을 모두 다 아는 너,
그래도 나의 예쁜 이미지를 위해 비밀을 지켜 주는 너

朋友比情人还死心塌地

> **페이의 한마디**
>
>  朋友比情人还死心塌地。
> [péngyou bǐ qíngrén hái sǐxīntādì]
> 우정이 사랑보다 단단해.

C-POP 02

怎么办

C-POP (2)
- 一个像夏天一个像秋天
- **怎么办**

공감 (10)
감동 (10)
재미 (10)

어떡하지 (범위기)

남녀 사이에 있어 가장 예쁜 순간은 흔히 말하는 '썸타는 사이일 때'가 아닌가 싶어요. 너무 가까워지고 많은 것을 공유하는 사이가 되면 두근두근이 무뎌져 버리고 마니까요. 그래서 설레는 감성을 노래한 범위기(范玮琪)의 '어떡하지'란 곡을 준비해 보았어요. 콩닥콩닥한 예쁜 감성으로 함께 해 주세요. 중국어는 언제나 우리에게 새로우니까요.

我去过巴黎铁塔
wǒ qùguo Bālítiětǎ

吃过意大利pizza
chīguo Yìdàlì pizza

不习惯双人沙发
bù xíguàn shuāngrén shāfā

就算偶尔不刷牙
jiùsuàn ǒu'ěr bù shuāyá

一个人的家反正没差
yíge rén de jiā fǎnzhèng méi chà

没想到遇见了他
méi xiǎngdào yùjiàn le tā

世界开始有变化
shìjiè kāishǐ yǒu biànhuà

我只想和他一起
wǒ zhǐ xiǎng hé tā yìqǐ

整天待在家光着脚丫
zhěngtiān dài zài jiā guāngzhe jiǎoyā

当马铃薯沙发
dāng mǎlíngshǔ shāfā

*马铃薯沙发 [mǎlíngshǔ shāfā] '소파와 한몸이 되어 TV만 보는 사람 (couch potato)'

怎么办　怎么办 我就是爱他
Zěnmebàn zěnmebàn wǒ jiùshì ài tā

怎么办 我就是想他
zěnmebàn wǒ jiùshì xiǎng tā

无论喝茶还是刷牙
wúlùn hē chá háishì shuāyá

想着他怎么办 我的心已经容不下
xiǎng zhe tā zěnmebàn wǒ de xīn yǐjīng róngbúxià

除了他以外没有其他
chúle tā yǐwài méiyǒu qítā

怎么办 怎么办
zěnmebàn zěnmebàn

我竟然开始等电话
wǒ jìngrán kāishǐ děng diànhuà

不想再去哪
bù xiǎng zài qù nǎ

我怎么会像个傻瓜
wǒ zěnme huì xiàng ge shǎguā

想着他怎么办我的心已经容不下
xiǎng zhe tā zěnmebàn wǒ de xīn yǐjīng róngbúxià

除了他以外没有其他
chúle tā yǐwài méiyǒu qítā

除了他以外哪来其他
chúle tā yǐwài nǎ lái qítā

단어

- 巴黎铁塔 [Bālítiětǎ]
  명사 에펠탑

- 沙发 [shāfā]
  명사 소파

- 刷牙 [shuāyá]
  동사 이를 닦다

- 变成 [biànchéng]
  동사 ~(으)로 변하다

- 遇见 [yùjiàn]
  동사 우연히 만나다

- 偶尔 [ǒu'ěr]
  부사 때때로

- 反正 [fǎnzhèng]
  부사 어쨌든, 여하튼

- 整天 [zhěngtiān]
  명사 (온)종일

- 光着脚 [guāngzhejiǎo]
  명사 맨발

- 马铃薯 [mǎlíngshǔ]
  명사 감자(방언)

- 容不下 [róngbúxià]
  동사 담을 수 없다

- 竟然 [jìngrán]
  부사 뜻밖에, 의외로

- 泼冷水 [pōlěngshuǐ]
  찬물을 끼얹다(흥을 깨다)

- 傻瓜 [shǎguā]
  명사 바보, 멍청이

- 丢脸 [diūliǎn]
  동사 체면을 잃다

- 除了~以外
  [chúle~yǐwài~]
  접속사 ~를 제외하고

C-POP (2) ▼
└ 여름을 닮은 나와 가을을 닮은 너
└ **어떡하지**
공감 (10)
감동 (10)
재미 (10)

잃어버린 감성까지 모두 모아 노래 번역 도전하기

노래엔 반복되는 구절이 많아서 중급자들이 주요 문장 패턴을 익히기에 좋은 학습 방법이 될 수 있어요. **除了~以外**는 이제 안 잊어 버리겠죠? 다만 시적인 표현도 많고 성조를 지켜 부를 수 없기 때문에 초급자들이 노래로 학습을 하는 건 추천드리지 않아요.

에펠탑에 갔었어.
이탈리아 피자를 먹었지.
커플 소파가 익숙하지가 않아.
뭐 가끔은 양치를 하지 않아도,
혼자 있을 때와 별로 다르지 않은걸~

그와 만나게 될거라곤 생각하지 못했어.
세상이 변하고 있어~
난 자꾸만 그와 함께이고 싶다고~
하루 온종일 집에서 맨 발로.
소파와 한 몸이 되어 리모컨만 눌러대지~

어떡하지? 어떡해…… 나 그를 사랑하나봐. 어떡해……
나 그가 보고싶나봐……

차를 마셔도 양치를 해도, 자꾸만 그가 생각나…
어쩌지…… 이 주체할 수 없는 마음.
온통 그 남자 뿐이잖아.

어떡해, 어떡해!
난 온종일 전화만 기다리잖아.
아무데도 가고 싶지 않아. 나 왜 이렇게 바보같지?

자꾸만 그를 생각해, 어쩌지…… 이 주체할 수 없는 마음.
온통 그 남자 뿐이잖아……
그 남자 말고는 아무것도 없잖아.

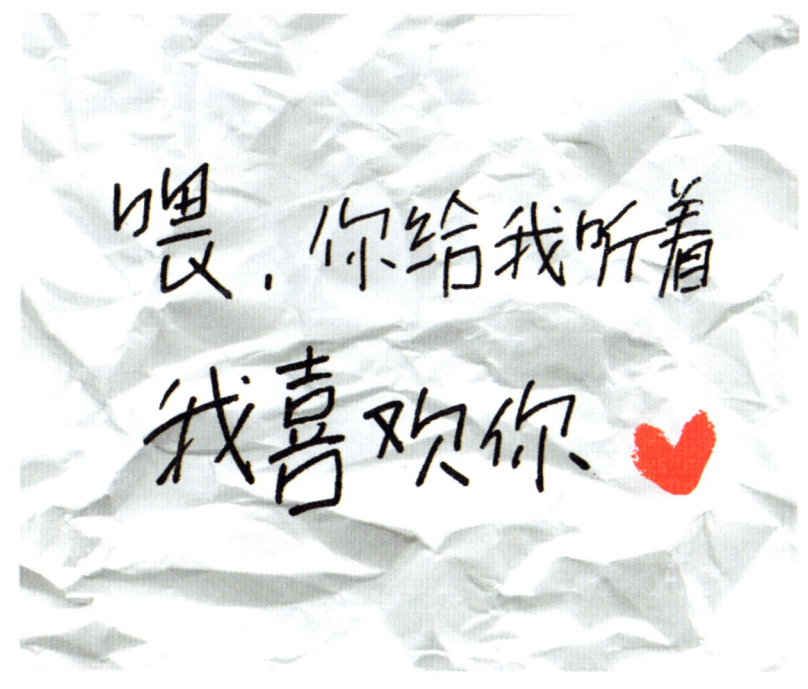

> **페이의 한마디**
>
> **除了他以外没有其他。**
> [chúle tā yǐwài méiyǒu qítā]
> 그 사람 말고는 아무것도 없어…

#2 CHAPTER

감동

Unit 01	〈아저씨〉 명대사 #1
Unit 02	〈아저씨〉 명대사 #2
Unit 03	〈베테랑〉 명대사
Unit 04	〈대지진〉 명대사 #1
Unit 05	〈대지진〉 명대사 #2
Unit 06	〈미생〉 명대사
Unit 07	〈한국 드라마〉 명대사 모음
Unit 08	〈남방소양목장〉 명대사
Unit 09	〈동탁적니〉 명대사
Unit 10	부모님 전상서
C-pop	#1 아버지
	#2 안녕이라고 말하고 싶지 않아

감동 01

〈아저씨〉 명대사 #1

02-01-01

감동 (10)
- 〈아저씨〉 명대사 #1
- 〈아저씨〉 명대사 #2
- 〈베테랑〉 명대사
- 〈대지진〉 명대사 #1
- 〈대지진〉 명대사 #2
- 〈미생〉 명대사
- 〈한국 드라마〉 명대사
- 〈남방소양극장〉 명대사
- 〈동탁적니〉 명대사
- 부모님 전상서

공감 (10)

재미 (10)

C-POP (2)
- 아버지
- 안녕이라고 말하고 싶지 않아

그래도 안 미워한다는 '소미의 대사'

극중 소미(김새론)가 자신을 모른 척 했던 차태식(원빈)에게 했던 대사를 기억하시나요? 가슴 아팠던 소미의 대사를 중국어로 번역하면 어떤 느낌일까요? 흥미로운 소재와 함께 하면 한·중 번역도 생각만큼 복잡하지는 않습니다. 어린 소미의 감성으로 번역을 시작해 봅시다.

SCENE 1 자신을 모른척한 아저씨가 야속한 소미의 대사

소미 大叔，你也觉得我丢人吧？
所以装作不认识我吧？
没关系，
班上的同学也是那样，老师也是那样…
妈妈也说如果迷路的话，装作不知道地址和电话号码。
一喝酒就说"一起死"…

아저씨, 아저씨도 제가 창피하죠?
그래서 모른척했죠?
괜찮아요.
반 애들도 그렇고 선생님도 그런데요, 뭐…
엄마도 길 잃어버리면, 주소랑 전화번호 모른척하래요.
술 마시면 맨날 같이 죽자는 소리만 하고…

SCENE 2 이어지는 소미의 대사

소미 比叫我"乞丐"的坏孩子们，大叔更坏！

不过我不讨厌你。

连大叔也讨厌了，我就一个喜欢的人都没有。

一想到这个我这里就好痛。

所以我不讨厌你。

거지라고 놀리는 뚱땡이 새끼보다 아저씨가 더 나빠요.
그래도 안 미워요.
아저씨까지 미워하면, 내가 좋아하는 사람 한 개도 없어.
그 생각하면 여기가 막 아파요.
그러니까 안 미워할래.

단어

- 大叔 [dàshū] 명사 아저씨
- 丢人 [diūrén] 동사 체면을 잃다
- 所以 [suǒyǐ] 접속사 그래서, 그러므로
- 装作 [zhuāngzuò] 동사 ~한 체하다
- 那样 [nàyàng] 대명사 그러한, 저러한
- 如果 [rúguǒ] 접속사 만약, 만일
- 迷路 [mílù] 동사 길을 잃다
- 的话 [dehuà] 조사 ~하다면, ~이면
- 地址 [dìzhǐ] 명사 소재지, 주소
- 电话号码 [diànhuàhàomǎ] 명사 전화번호
- 乞丐 [qǐgài] 명사 거지
- 坏 [huài] 형용사 나쁘다, 불량하다
- 讨厌 [tǎoyàn] 동사 싫어하다, 미워하다, 혐오하다
- 痛 [tòng] 형용사 동사 아프다

영화 〈아저씨〉의 중국어 제목

중국에서는 〈아저씨〉가 두 가지 제목으로 알려져 있습니다.

첫 번째는 〈아저씨〉의 의미 그대로 〈大叔〉,
두 번째는 〈孤胆特工〉이에요. '일당백'을 의미하는 孤胆[gūdǎn]과 '공작원'을 의미하는 特工[tègōng]의 만남이죠.

〈고담특공 : 일당백 공작원〉 의미 전달만큼은 확실하네요.

단어

- 只 [zhǐ]
  부사 단지, 오직

- 为~而 [wèi~ér~]
  ~(을)를 위해

- 活 [huó]
  동사 살다, 생활하다

- 手里 [shǒuli]
  명사 수중, 손

- 废物 [fèiwù]
  명사 폐품

- 多么 [duōme]
  부사 얼마나

- 可怕 [kěpà]
  형용사 두렵다, 무섭다

- 事情 [shìqing]
  명사 일, 사건

오늘만 산다는 원빈의 대사

극중 차태식이 낮게 깔린 목소리로 만석(김희원)에게 복수를 예고하는 장면입니다. 물론 여러분이 전혀 원빈 같지는 않겠지만 중국어만큼은 원빈보다 잘할 수 있어요. 힘내세요! 우린 내일을 살자고요!

SCENE ③ 차태식과 만석의 통화 장면

태식 你们只为明天而活吧？

만석 什么？

태식 只为明天而活的人，

会死在只为今天而活的人手里。

만석 说什么呀？这废物…

태식 我只为今天而活。

让你看看，那是多么可怕的事情！

태식 너희들은 내일만 보고 살지?
만석 뭐?
태식 내일만 사는 놈은 오늘만 사는 놈한테 죽는다.
만석 뭐라는 거야? 병신이…
태식 난 오늘만 산다. 그게 얼마나 X같은지 내가 보여줄게!

영화보다 재밌는 중국어 영화 제목

중국은 외래어의 소리를 따서 '음역'하기도 하고, 그 의미를 표현하기 위해 '의역'을 하기도 하는데 우리가 알고 있는 외화 또는 한국 영화가 중국에서는 어떤 제목으로 개봉되었는지 확인해보세요.

❶ 어벤져스 ⇨ 复仇者联盟 [fùchóuzhěLiánméng]
(복수자연맹)

❷ 트랜스포머 ⇨ 变形金刚 [biànxíngjīngāng]
(변형금강)

❸ 아이언맨 ⇨ 钢铁侠 [gāngtiěxiá]
(강철협)

❹ 2012 ⇨ 2012 世界末日 [shìjièmòrì]
(세계말일)

❺ 캡틴아메리카 ⇨ 美国队长 [Měiguóduìzhǎng]
(미국대장)

❻ 레미제라블 ⇨ 悲惨世界 [bēicǎnShìjiè]
(비참세계)

❼ 헝거게임 ⇨ 饥饿游戏 [jī'èyóuxì]
(기아유희)

❽ 설국열차 ⇨ 末日列车 [mòrìlièchē]
(말일열차)

❾ 광해 ⇨ 双面君主 [shuāngmiànjūnzhǔ]
(쌍면군주)

❿ 회사원 ⇨ 公司职员 [Gōngsīzhíyuán]
(공사직원)

단어

└ 复仇者 [fùchóuzhě]
명사 복수자

└ 联盟 [liánméng]
명사 연맹, 동맹

└ 变形 [biànxíng]
동사 변형하다

└ 钢铁 [gāngtiě]
명사 강철

└ 侠 [xiá]
명사 협객

└ 末日 [mòrì]
명사 세상 마지막 날

└ 队长 [duìzhǎng]
명사 대장, 캡틴

└ 悲惨 [bēicǎn]
형용사 비참하다

└ 饥饿 [jī'è]
형용사 굶주리다

└ 列车 [lièchē]
명사 열차

└ 双面 [shuāngmiàn]
명사 양면(의)

└ 君主 [jūnzhǔ]
명사 군주

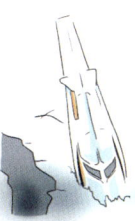

末日列车

페이의 한마디

一想到这个我这里就好痛。
[yī xiǎngdào zhège wǒ zhèli jiù hǎo tòng]
그 생각하면 여기가 막 아파요.

페이의 노련하고 다채로운 지침서

一喝酒就说"一起死。
[yì hējiǔ jiù shuō yìqǐ sǐ]

▶ **一~就의 용법**: ❶ ~하고 나서 바로 ~한다 (연이은 발생)
　　　　　　　　 ❷ ~하기만 하면 ~한다　 (조건의 충족)

❶번 예　他是个妻管严，一下班就回家。　그는 '애처가'라 퇴근하자마자 귀가한다.
　　　　　他是个公司蛀虫，一上班就干活。　그는 '일벌레'라 출근하자마자 일한다.

❷번 예　他一谈恋爱，就分手。　　　그는 연애만 하면 헤어진다.
　　　　　他一喝酒，就脸红。　　　　그는 술만 먹으면 얼굴이 빨개진다.

주어가 둘　一到下雨天，她的心情就不好。　비오는 날만 되면 그녀는 마음이 좋지 않다.
　　　　　　我一回家，我爱人就准备吃晚饭。　내가 집에 들어가면 와이프는 바로 저녁 준비를 한다.

　　　＊ 妻管严[qīguǎnyán] 아내에게 꽉 잡혀 사는 사람을 이르는 말로 气管炎[qìguǎnyán] '기관지염'
　　　　에서 파생된 표현
　　　＊ 公司蛀虫[gōngsī zhùchóng] '회사에서 서식하는 벌레'라는 뜻으로 '워커홀릭'을 일컫는 신조어

妈妈也说如果迷路的话，装作不知道地址和电话号码。
[māma yě shuō rúguǒ mílù de huà zhuāngzuò bùzhīdào dìzhǐ hé diànhuà hàomǎ]

▶ **가정 접속사 如果(~的话)** : 만약 ~라면

가정 복문에 사용되는 접속사로 如果~的话의 형태로 많이 쓰입니다.
'的话'는 생략하여 쓸 수 있고 '的话' 만으로도 가정의 뜻을 표현할 수 있습니다.
如果는 要是[yàoshi], 假如[jiǎrú]와 바꿔쓸 수 있습니다.

如果　　　如果你喜欢我，就表白一下。我准备好了。　　　만약에 너 날 좋아하면 고백해. 난 준비됐어.
如果~的话　如果你喜欢我的话，就表白一下。我准备好了。　만약 네가 날 좋아한다면 고백해. 난 준비됐어.
的话　　　你喜欢我的话，就表白一下。我准备好了。　　　네가 날 좋아한다면 고백해. 난 준비됐어.

　　　＊ 表白[biǎobái] '(마음을) 나타내다. 고백하다' 라는 의미

페이의 소중한 댓글, 통쾌한 답변

[보컬이당-(남)]
我爸爸一喝酒，就给我零用钱，所以我喜欢爸爸喝酒的。

우리 아빠는 술만 마시면 내게 용돈을 준다. 그래서 난 아빠가 술을 마시는 게 좋다.

[페이]
写得很好！不过，我有点儿担心你爸爸的健康。该不让他喝酒啊~

잘 쓰긴 했는데, 난 아버지 건강이 좀 걱정!
아버지 술 못 잡수시게 해요~! ^_^

[S.K.Y-(남)]
我喜欢玩游戏，连吃饭的时候都拿着手机。

난 게임을 좋아해서 밥 먹는 시간도 폰과 함께 한다.

[페이]
造句造得好，不过，不要玩游戏了。

작문은 맞는데, 게임하지 마!

[박히야-(남)]
我一到韩国，就去Pei你那儿！！想你~

한국 가는 대로 찾아갈게요! 보고싶어요~

[페이]
想死你了~~ 보고싶어 죽겠다~

감동 02

〈아저씨〉 명대사 #2

감동 (10)
- 〈아저씨〉 명대사 #1
- **〈아저씨〉 명대사 #2**
- 〈베테랑〉 명대사
- 〈대지진〉 명대사 #1
- 〈대지진〉 명대사 #2
- 〈미생〉 명대사
- 〈한국 드라마〉 명대사
- 〈남방소양극장〉 명대사
- 〈동탁적니〉 명대사
- 부모님 전상서

공감 (10)

재미 (10)

C-POP (2)
- 아버지
- 안녕이라고 말하고 싶지 않아

폭풍전야! 차태식과 만석, 종석 형제의 대화 & 태식의 명대사

아저씨 대사 번역 두 번째 시간입니다. 이번엔 일촉즉발, 폭풍전야 상황에서 태식과 만석, 종석 형제의 대사를 번역해 봅시다. 대사를 공부한다고 원빈이 되는 것은 아니지만……

SCENE 1

태식   就算找到小米，你们俩也得死。

　　　你错了。

　　　你现在必须对那些孩子们道歉。

만석   你到底是什么人？

태식   隔壁大叔。

태식   소미를 찾아도 너희 둘은 죽는다.
　　　틀렸어. 넌 지금 그 애들한테 사과를 했어야 해.

만석   너 정체가 뭐냐?

태식   옆집 아저씨.

SCENE 2

태식 你有几个蛀牙？

我是开当铺的， 我收金牙。

除了金牙，我都会全部嚼碎。

충치가 몇 개냐?
나 전당포 한다. 금이빨은 받아.
금이빨 빼고, 모조리 씹어 먹어 줄게.

Q 중국에서는 조직 폭력배, 범죄 집단을 뭐라고 부를까요?

A 정답은 黑帮[hēibāng] 입니다. 일반적으로 중국에서 黑는 부정적인 의미를 가지고 있습니다. 아래 단어들을 쭉 살펴보면 black이 가진 속 뜻을 알 수 있을 거예요.

黑车[hēichē] 불법 운행(영업) 차량
黑孩子[hēiháizi] 출생신고를 하지 않은 호적이 없는 아이
黑客[hēikè] 해커(hacker)
黑名单[hēimíngdān] 블랙리스트

단어

- **就算**[jiùsuàn]
  설령 ~하더라도
- **俩**[liǎ]
  수사 구어 두 사람
- **得**[děi]
  동사 ~해야 한다
- **必须**[bìxū]
  부사 반드시 ~해야 한다
- **道歉**[dàoqiàn]
  동사 사과하다
- **到底**[dàodǐ]
  부사 도대체
- **隔壁**[gébì]
  명사 이웃집, 옆집
- **蛀牙**[zhùyá]
  명사 충치
- **当铺**[dàngpù]
  명사 전당포
- **收**[shōu]
  동사 받다, 접수하다
- **金牙**[jīnyá]
  명사 금니
- **除了**[chúle]
  개사 ~를 제외하고
- **全部**[quánbù]
  명사 전부, 모두
- **嚼**[jiáo]
  동사 씹다
- **碎**[suì]
  동사 부서지다

단어

└ 那时 [nàshí]
　대명사 그때

└ 装作 [zhuāngzuò]
　동사 ~한 체하다

└ 认识 [rènshi]
　동사 알다, 인식하다

└ 第一次 [dìyīcì]
　명사 최초, 맨 처음

└ 看见 [kànjiàn]
　동사 보다, 보이다

└ 笑 [xiào]
　동사 웃다

└ 独自 [dúzì]
　부사 혼자서, 홀로

└ 做到 [zuòdào]
　동사 이루다

└ 抱 [bào]
　동사 안다, 껴안다

아저씨, 저도 한 번 안아주세요.

특별한 대사도 없었는데 뭔가 너무 근사했던 아저씨의 엔딩입니다. 마지막 SCENE은 대사가 꽤 쉬운 편이에요. 끝까지 공부해 주신 여러분이 제 눈엔 원빈보다 훨씬 멋져요.

Ending SCENE

태식 对不起, 那时装作不认识你, 对不起。

　　　 미안하다. 그때 모른척해서 미안해.

소미 第一次看见你笑的。

태식 要独自生活了, 能做到吧?

　　　 抱一下, 就抱一次吧。

소미 처음 봐요. 아저씨 웃는 거!

태식 혼자 사는 거야. 할 수 있지?

　　　 한 번만, 한 번만 안아보자.

知道[zhīdào]와 认识[rènshi]의 사전적 의미는 모두 '알다'입니다. 그러나 우리는 원빈을 知道할 뿐 认识하지는 못합니다.

❶ 我知道 '원빈' : 나는 원빈이라는 이름, 그와 관련된 이야기를 들어보았다. 그러나 그와 직접 만난 적은 없다.

❷ 我认识 '원빈' : 나는 원빈을 본 적이 있거나 누군가에게 소개를 받은 적이 있다. 그러나 원빈도 나를 认识하는지는 원빈에게 물어봐야 한다. 이에 우리는 누군가를 처음 만날 때, 认识你很高兴이라고 인사한다.

즉, 우리는 원빈을 知道한다고 자신있게 말할 수 있으나 认识할 가능성은 많지 않다.

영화만큼 다양한 영화 장르

이번에는 다양한 장르들을 중국어로 어떻게 표현하는지 알아 볼게요. 우리말과 참 비슷한 표현이 많다는 생각이 들 거예요. 이번 주말엔 좋아하는 장르의 영화 한 편과 함께 즐거운 시간 보내시길 바랄게요.

단어

- 动作 [dòngzuò] 명사 동작, 행동
- 喜剧 [xǐjù] 명사 희극
- 爱情 [àiqíng] 명사 남녀 간의 애정, 사랑
- 恐怖 [kǒngbù] 형용사 무섭다, 두렵다
- 犯罪 [fànzuì] 동사 죄를 저지르다
- 纪录 [jìlù] 명사 다큐멘터리
- 战争 [zhànzhēng] 명사 전쟁
- 冒险 [màoxiǎn] 동사 모험하다
- 武侠 [wǔxiá] 명사 무협
- 科幻 [kēhuàn] 명사 공상 과학, SF

❶ 액션 영화 ⇨ 动作片 [dòngzuòpiān] (동작편)

❷ 코미디 영화 ⇨ 喜剧片 [xǐjùpiān] (희극편)

❸ 멜로 영화 ⇨ 爱情片 [àiqíngpiān] (애정편)

❹ 공포 영화 ⇨ 恐怖片 [kǒngbùpiān] (공포편)

❺ 범죄 영화 ⇨ 犯罪片 [fànzuìpiān] (범죄편)

❻ 다큐멘터리 영화 ⇨ 纪录片 [jìlùpiān] (기록편)

❼ 전쟁 영화 ⇨ 战争片 [zhànzhēngpiān] (전쟁편)

❽ 어드벤처 영화 ⇨ 冒险片 [màoxiǎnpiān] (모험편)

❾ 무협 영화 ⇨ 武侠片 [wǔxiápiān] (무협편)

❿ SF 영화 ⇨ 科幻片 [kēhuànpiān] (과환편)

페이의 한마디

除了金牙，我**都**会全部嚼碎。
[chúle jīnyá, wǒ dōu huì quánbù jiáosuì]
금이빨 빼고, 모조리 씹어 먹어 줄게.

페이의 노련하고 다채로운 지침서

就算找到小米，你们俩也得死。
[jiùsuàn zhǎodào xiǎomǐ nǐmen liǎ yě děi sǐ]

▶ **동일한 결과 就算 ~ (也)** : 설령 ~라 할지라도, 그래도 ~하다

어떠한 조건에도 결과는 동일할 것임을 표현하는 접속사로, 也와 호응
即使[jíshǐ]~也와 바꿔 쓸 수 있습니다.

就算	就算你不同意，我们也要这样做。	네가 동의하지 않아도 우린 이렇게 할 거야.
	就算没有人支持我，我也要走我的路。	아무도 지지해 주지 않더라도 난 나의 길을 갈 거야.
即使	即使她不来，我也不会恨她。	그녀가 오지 않더라도 나는 그녀를 미워하지 않을 것이다.
	即使你骂我，我也不会介意。	네가 날 욕하더라도 나는 개의치 않을 것이다.

除了金牙，我都会全部嚼碎。
[chúle jīnyá wǒ dōuhuì quánbù jiáo suì]

▶ **배제와 포함 除了~(以外)** : ~를 제외하면
　　　　　　　　　　　　　의미에 따라 都·还·也와 호응하며 以外는 생략되기도 합니다.

배제	除了双眼皮以外，都是自然的。	쌍커풀 빼고, 다 자연산이야. (都와 호응 / 쌍커풀만 배제)
	除了我以外，都是S型身材。	나 빼고, 다 S라인 몸매야. (都와 호응 / 나만 배제)
포함1	除了双眼皮以外，也做了什么？	쌍커풀 말고, 또 뭐 했어? (也와 호응 / 쌍커풀도 포함)
	除了双眼皮以外，也开了眼角。	쌍커풀 말고, 앞트임도 했어. (也와 호응 / 쌍커풀+앞트임)
포함2	除了开眼角以外，还做过什么？	앞트임 말고, 뭐까지 해봤어? (还와 호응 / 앞트임까지 포함)
	除了开眼角以外，还隆过鼻。	앞트임 말고, 코까지 세워봤어. (还와 호응 / 코높임까지 포함)

　　* 双眼皮[shuāngyǎnpí] 쌍커풀 / S型身材[Sxíngshēncái] S라인 몸매
　　* 开眼角[kāiyǎnjiǎo] 앞트임하다
　　* 隆鼻[lóngbí] (성형 수술로) 코를 높이다

페이의 **소**중한 댓글, **통**쾌한 답변

[태양기사-(남)]
除了페이以外，我们都不会唱歌。
페이 빼고 우리 모두 노래를 못 부른다.

[페이]
除了你以外，都不点歌。。。
태양기사님 말고는 노래 신청을 아무도 안 함…

[루이쩡~★-(남)]
除了페이的直播以外，我什么都不看~★
페이 방송 말고는 아무것도 안봐~★

[페이]
果然是'副董事长'范儿！哈哈。
역시 부회장님 포스~

[푸링-(여)]
就算페이不开台，我也支持你。
你一定要幸福哦~！
페이가 방송을 안 하게 되어도 난 여전히 응원해. 꼭 행복해야 돼~

[페이]
55，我太感动了。有你真好。
ㅠ_ㅠ 감동이에요. 언니가 있어 참 좋아~

감동 03

<베테랑> 명대사

감동 (10)
- <아저씨> 명대사 #1
- <아저씨> 명대사 #2
- **<베테랑> 명대사**
- <대지진> 명대사 #1
- <대지진> 명대사 #2
- <미생> 명대사
- <한국 드라마> 명대사
- <남방소양극장> 명대사
- <동탁적니> 명대사
- 부모님 전상서

공감 (10)
재미 (10)
C-POP (2)
- 아버지
- 안녕이라고 말하고 싶지 않아

철없는 재벌, 조태오 대사 번역하기

1,300만 관객 돌파! 2015년 여름을 강타한 액션 영화 <베테랑>에도 의미 있는 대사가 많이 있었죠. 많은 관객의 입에 여전히 회자되고 있는 명대사를 중국어로 번역해 보겠습니다.

SCENE 1 조태오와 서도철 형사의 첫 만남

조태오 财阀要这么玩吗？
对不起！财阀只会这么玩！ 请原谅我！
我们刑警不上当呢。
是老手啊，老手！！啊，真是帅气啊！

서도철 赵泰晤活**得**真有意思。
泰晤，但是活着不要犯罪哦。

조태오 뭐 재벌은 이렇게 놀아야 되나?
죄송합니다! 재벌이 이렇게 밖에 못 놉니다!
용서해 주십시오!
우리 형사님 안 속으시네.
베테랑이시네, 베테랑! 와 멋있다!

서도철 조태오 씨 재미있게 사시네.
태오 씨, 근데 죄는 짓지 말고 삽시다.

SCENE 2 조태오와 배기사의 만남

조태오 司机师傅，你知道石磨的把手吗？

石磨得的手被称作'无语'

这种状况就叫'无语'

这不是很荒唐吗？

因为一个把手耽误了要做的事。

现在我的心情就是那样。

真是无语了。

기사님, 맷돌 손잡이 알아요?
맷돌 손잡이를 '어이'라 그래요.
이런 상황을 어이가 없다 그래요.
황당하잖아!
아무것도 아닌 손잡이 때문에 해야 될 일을 못하니까.
지금 내 기분이 그래. 어이가 없네.

* 无语 [wúyǔ] '어이가 없다. 할말이 없다'의 의미
(无는 없을 무(無)의 간체자)

단어

└ 财阀 [cáifá]
　명사 재벌

└ 原谅 [yuánliàng]
　동사 용서하다

└ 刑警 [xíngjǐng]
　刑事警察 (형사)의 약칭

└ 上当 [shàngdàng]
　동사 속다

└ 老手 [lǎoshǒu]
　명사 베테랑

└ 帅气 [shuàiqi]
　형용사 멋지다

└ 师傅 [shīfu]
　명사 선생님, 기사님

└ 犯罪 [fànzuì]
　동사 죄를 저지르다

└ 石磨 [shímò]
　명사 맷돌

└ 把手 [bǎshou]
　명사 손잡이

└ 称作 [chēngzuò]
　동사 ~라 부르다

└ 状况 [zhuàngkuàng]
　명사 상황

└ 荒唐 [huāngtáng]
　형용사 황당하다

└ 耽误 [dānwu]
　동사 시간을 허비하다

└ 心情 [xīnqíng]
　명사 심정, 마음

단어 ▼

└ 哎呦 [āiyō]
　감탄사 아이고, 에구머니

└ 为了 [wèile]
　개사 ~를 위하여

└ 那么点儿 [nàmediǎnr]
　대명사 고 정도, 고만한

└ 拼 [pīn]
　동사 목숨을 걸다

└ 刚才 [gāngcái]
　명사 방금, 지금 막

└ 饼干 [bǐnggān]
　명사 과자

└ 看来 [kànlái]
　동사 보아하니

└ 加上 [jiāshàng]
　동사 더하다

└ 药费 [yàofèi]
　명사 약값

└ 结束 [jiéshù]
　동사 끝나다

시간은 없어도 중국어는 챙겨 봅시다.

비록 악역이긴 했지만 유아인 씨의 연기는 정말 너무 좋았어요. 다른 배우들의 연기도 정말 대단했는데요.
저는 특히 특별 출연으로 큰 웃음을 줬던 마동석 씨의 연기가 참 인상 깊네요. 그럼 특별한 배우들의 다른 대사들도 함께 볼게요.

SCENE 3 피투성이가 된 배기사에게 조태오가 하는 말

(어린 아들이 지켜보는 가운데 원치 않는 격투를 벌인 후 피투성이가 된 배기사, 그리고 계속되는 갑의 횡포)

조태오 哎哟，为了那么点钱拼什么呢？

哎哟真是…

司机师傅，这是你刚才说的420万，

我多给你一些。

还有这个是给孩子买饼干吃的钱，

看来还得加上药费呢。

那么这件事，今天就结束了哦！加油！

어휴, 돈 몇 푼 때문에 무슨 꼴이에요… 어휴
기사님, 이거 아까 기사님이 얘기하셨던 420에
내가 좀 더 얹었어요.
그리고 이건 애기 과자값, 약값도 하셔야 되겠네…
그럼 이걸로 오늘 상황은 정리 끝난 거예요~
힘 내시고~

BONUS

〈놓치기 싫은 명대사 모음〉

❶ 서도철이 비리 형사에게

你收钱了吧？真的，找死…
我们没钱而已面子也没有吗？

너 돈 먹었지? 진짜 죽을라고… 우리가 돈이 없지 가오가 없어?

❷ 서도철이 조태오에게

我跟你说过你不要得瑟了吗，混账东西！

내가 죄 짓고 살지 말랬지? 이 XX새끼야!

❸ 마지막 격투 후, 마동석의 특별출연

等等等等, 哎，这年轻人话说的很短嘛。
我是这家店的老板，把小区弄成这样还想
去哪儿？

잠깐 잠깐, 아 젊은 양반이 말이 좀 짧으시네.
나 요기 아트박스 사장인데, 동네 난리 쳐놓고 어딜 가?

단어

└ 收 [shōu]
  동사 받다

└ 而已 [éryǐ]
  조사 ~뿐이다

└ 面子 [miànzi]
  명사 체면, 면목

└ 得瑟 [dése]
  신조어 까불다

└ 混账东西 [hùnzhàngdōngxi]
  명사 개자식, 나쁜새끼

└ 年轻人 [niánqīngrén]
  명사 젊은 사람

└ 短 [duǎn]
  형용사 짧다

└ 老板 [lǎobǎn]
  명사 상점 주인

└ 小区 [xiǎoqū]
  명사 동네, 단지

└ 弄 [nòng]
  동사 만들다

페이의 한마디

我们没钱而已面子也没有吗？

우리가 돈이 없지 가오가 없어?

페이의 노련하고 다채로운 지침서

活得真有意思。
[huóde zhēn yǒuyìsi]

▶ **정도보어 得** : ～한 정도가 어떻다

서술어(동사, 형용사) 뒤에 得를 붙여 동작 또는 상태의 정도를 나타냅니다.

기본형	我过得很好。	전 잘 지내요.
부정형	我过得不好。	전 잘 못 지내요.
吗 의문문	你过得好吗？	잘 지내세요?
정반 의문문	你过得好不好？	잘 지내세요?
의문사 의문문	你过得怎么样？	어떻게 지내세요?
형용사 뒤	最近累得要命。	요즘 피곤해 죽겠어요.
	热得就像夏天。	더운게 여름 같아요.
	忙得连吃饭的时间都没有。	바빠서 밥 먹을 시간도 없어요.

 주의사항
说韩语得很好。(×) → 说韩语说得很好。(혹은 韩语说得很好。)
得는 술어(동사, 형용사) 뒤에 붙기 때문에 명사 韩语(한국어) 뒤는 적합하지 않습니다.

我跟你说过你不要得瑟了吗，混账东西！
[wǒ gēn nǐ shuōguo nǐ búyào dése le ma hùnzhàngdōngxi]

▶ **영화·드라마에 자주 등장하는 욕 10선**

① 他妈的 [tāmāde] 젠장, 제기랄, 이런 개X
② 操你妈 [càonǐmā] Fuck
　- 操 [cào]라고 짧게 말하기도 하며 조금 가볍게 靠 [kào]로 발음하기도 합니다.
③ 王八蛋 [wángbadàn] 더러운 놈
④ 神经病 [shénjīngbìng] 미친 놈
⑤ 下流 [xiàliú] 저질
⑥ 变态 [biàntài] 변태
⑦ 傻B [shǎB] 병신
⑧ 狗崽子 [gǒuzǎizi] 개자식
⑨ 畜牲 [chùsheng] 금수, 짐승만도 못한 놈
⑩ 人渣 [rénzhā] 인간 쓰레기, 인간 망종

＊ 脏话 [zānghuà] 욕, 상스러운 말 (粗话 [cūhuà]라고도 함)

페이의 소중한 댓글, 통쾌한 답변

[커피좋아-(여)]

看来，你喝咖啡喝得太多，少喝点咖啡多喝点水吧！
보아하니 커피 너무 많이 마시는 것 같아요.
커피 적게, 물 많이요~

[페이]

爱唠叨的粉丝，嘻嘻。好啦好啦，听你的。
不过你的昵称就是《喜欢咖啡》，
说话不算数！
잔소리쟁이 팬이군요. 히히 알겠어요. 님 말 들을게요.
근데 닉네임이 〈커피좋아〉 말과 행동이 다른걸요. ☺

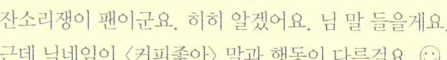

[손오공-(남)]

"真是无语啊。" 계속 맴돌아요.
'입에 계속 맴돈다'라는 중국어 표현도 있어요?

[페이]

있지요. '입 주변에 맴돈다.' 요렇게 표현해요.
"话在嘴边~"

[흑호백호-(남)]

你上课得很有意思。所以我觉得你是老手。
수업 너무 재밌어요. 제 생각에 님은 〈베테랑〉이에요.

오답

[페이]

얼핏보면, 上课 자체가 그냥 동사같지만 上이 동사고 课는 '수업'을 의미하는 명사 성분이에요. 이 문장은 **你讲得很有意思**로 바꿔주세요. 그리고 전 **老手** 되려면 **还差得远啊**! 아직 멀었죠!

감동 04

〈대지진〉 명대사 #1

감동 (10)
- 〈아저씨〉 명대사 #1
- 〈아저씨〉 명대사 #2
- 〈베테랑〉 명대사
- **〈대지진〉 명대사 #1**
- 〈대지진〉 명대사 #2
- 〈미생〉 명대사
- 〈한국 드라마〉 명대사
- 〈남방소양극장〉 명대사
- 〈동탁적니〉 명대사
- 부모님 전상서

공감 (10)

재미 (10)

C-POP (2)
- 아버지
- 안녕이라고 말하고 싶지 않아

영화 〈대지진〉 번역하기 1

간혹 자연재해를 소재로 한 영화를 보면 '대자연의 힘 앞에서 우리 인간은 참 나약하구나.'라는 생각이 드는데요, 이번 시간에는 가슴이 먹먹해지는 영화 〈대지진〉의 대사를 공유해 보며 삶과 가족의 의미에 대해 다시 한 번 생각해 보았으면 해요.

SCENE 행복했던 우리

(지진이 발생하던 그날 밤은 여느 날과 다르지 않았어요. 쌍둥이 남매 팡덩과 팡다는 천안문과 만리장성이 그려진 새 가방에 행복해했죠.)

女儿	别动！
爸爸	爸爸有两块儿手表呢！
女儿	爸，你指向几点呢？
爸爸	七点吧。
女儿	行。
妈妈	给你们买的新书包。
女儿	哇，我要天安门的。
儿子	我要长城的。

딸	움직이지 마!
아빠	시계가 두 개나 생겼네!
딸	아빠, 몇 시로 그려줄까?
아빠	7시.
딸	좋아.
엄마	엄마가 새 책가방 사왔어.
딸	와, 천안문 가방은 내 것!
아들	나는 만리장성 가방!

〈당산 대지진〉
1976년 7월 28일 하북성 당산에서 일어난 규모 7.8의 대지진. 이 지진으로 24만 명이 목숨을 잃었고, 16만 명이 크게 다쳤다.
이 영화는 당산 대지진으로 붕괴된 한 가족의 이야기를 다루었으며 2010년 개봉된 펑샤오깡(冯小刚)의 작품이다.

(잠자리에 들기 전 딸에게는 토마토를 주지 못한 엄마. 이 토마토를 다시 주는 데 32년이 걸릴 줄은 그 누구도 알지 못했다.)

女儿 别关，别关！

儿子 热！

妈妈 热也不能这么吹！过来。

爸爸 好了，妈妈给扑粉了。

儿子 妈，我要吃西红柿。

女儿 我也要吃！

妈妈 等着等着。
就一个了。 登，让给弟弟吃。

女儿 妈，方达都吃了，我也要吃。

妈妈 没了，妈明天给你买去。

女儿 骗人！

妈妈 没骗你。妈说话算话，好吧？

딸 끄지 마, 끄지 마!
아들 더워!
엄마 더워도 자꾸 바람 쐬면 안 돼! 이리와.
아빠 자, 엄마한테 가서 분 바르자.
아들 엄마, 나 토마토 먹고 싶어!
딸 나도 먹을래!
엄마 기다려 봐, 하나밖에 없네, 떵아, 동생한테 양보하자.
딸 엄마 '팡다' 혼자 다 먹었어, 나도 먹을래.
엄마 없어, 엄마가 내일 사줄게.
딸 거짓말쟁이!
엄마 거짓말 아냐, 엄마가 약속 지킬게, 알았지?

***方登** 딸의 극중 이름 '팡떵'
***方达** 아들의 극중 이름 '팡다'

단어

└ **别** [bié]
  ~하지 마라

└ **动** [dòng]
  동사 움직이다

└ **手表** [shǒubiǎo]
  명사 손목시계

└ **指向** [zhǐxiàng]
  명사 가리키는 방향

└ **行** [xíng]
  동사 해도 좋다

└ **书包** [shūbāo]
  명사 책가방

└ **哇** [wā]
  감탄사 와!

└ **天安门** [Tiān'ānmén]
  감탄사 천안문

└ **长城** [Chángchéng]
  고유명사 만리장성

└ **关** [guān]
  동사 끄다

└ **吹** [chuī]
  동사 바람이 불다

└ **扑粉** [pūfěn]
  동사 분을 바르다

└ **西红柿** [xīhóngshì]
  명사 토마토

└ **等** [děng]
  동사 기다리다

└ **让** [ràng]
  동사 양보하다

└ **骗** [piàn]
  동사 속이다, 기만하다

└ **算话** [suànhuà]
  동사 말한대로 하다

Unit 04 〈대지진〉 명대사 #1 101

단어

- 呆 [dāi]
  동사 머무르다, 틀어박히다

- 哭 [kū]
  동사 울다

- 救 [jiù]
  동사 구하다, 구조하다

- 胳膊 [gēbo]
  명사 팔

- 疼 [téng]
  형용사 아프다

- 旁边 [pángbiān]
  명사 옆, 근처

- 应 [yīng]
  동사 대답하다

- 声 [shēng]
  명사 소리

- 师傅 [shīfu]
  명사 선생님, 기사님

- 要是 [yàoshi]
  접속사 만약

- 救活 [jiùhuó]
  동사 생명을 구하다

- 不了 [bùliǎo]
  동사 ～할 수 없다

- 下半辈子 [xiàbànbèizi]
  남은 반평생

- 当牛做马 [dāngniúzuòmǎ]
  성어 소, 말처럼 고역살이를 하다

영화 〈대지진〉 번역하기 2

그리고 7월 28일. 지진이 발생합니다. 건물 잔해 밑에 매몰된 아이들을 구하기 위한 필사적인 모습과 가슴 아픈 선택을 해야 하는 엄마의 대사를 번역해 볼게요. 기회가 된다면 이 장면만큼은 영화로 꼭 보셨으면 좋겠어요.

SCENE 2 엄마가 구해 줄게

(아버지는 사망하고, 두 아이의 생존을 확인한 엄마)

儿子 我想出去，我不想在这儿呆着了。
妈妈 乖~别哭！妈在这儿呢。妈这就救你出来啊。
儿子 我的胳膊疼，疼死了。我想出去，妈妈。
妈妈 别哭别哭，妈在这儿呢。
你姐呢？你姐在你旁边呢没？
登啊，方登，登啊，你应妈一声吧。登啊~
师傅，我求求你们，我求求你们，
孩儿他爸，他爸已经没了。
我这两个孩子，
要是再不救活我也活不了了。
我求求你们。
我下半辈子给你们当牛做马，行吗？
给你们当牛做马啊。

아들 엄마 나가고 싶어, 여기 있기 싫어.
엄마 착하지, 울지 마. 엄마 여기 있어. 엄마가 금방 구해줄게.
아들 팔이 아파 죽겠어, 빨리 나가고 싶어, 엄마.
엄마 울지 마, 울지 마, 여기 엄마 있잖아.
누나는? 누나는 네 옆에 없어?
떵아, 팡떵! 떵아, 엄마한테 대답 좀 해봐. 떵아~
아저씨, 제발 부탁드려요, 살려주세요, 제발…
애들 아빠도 벌써 죽었어요. 애들까지 죽으면 저도 못 살아요.
부탁할게요. 그 은혜는 평생 살면서 갚을게요.
네? 몸종이 되어서라도 갚을게요.

SCENE 3 아들을 구해 주세요.

(같은 축대에 깔려 아들을 구하면 딸을 잃고 딸을 구하면 아들을 잃는 상황에 놓인 엄마. 두 아이를 다 잃을 수는 없기에 가슴 아픈 선택을 해야만 하는 엄마)

叔叔 你快拿个主意吧！
妈妈 我求求你们，都救吧，都救啊，求求你们啦。
叔叔 你快点吧，孩子都快没声了。
别犹豫啦，再犹豫两个都没啦。
妈妈 都救。。。
叔叔 你想好了没有？到底救哪一个？
妈妈 救弟弟。
叔叔 救哪个？
妈妈 救弟弟
（登啊，妈妈对不起你妈妈对不起你。）

아저씨 빨리 결정해요!
엄마 제발 부탁할게요. 둘 다 구해주세요. 둘 다 구해주세요, 제발 부탁입니다.
아저씨 서둘러, 애들 소리가 안 들려. 망설이다간 둘 다 죽어.
엄마 둘 다 구해야 돼요…
아저씨 결정했어요? 누구를 구할 거예요?
엄마 남동생을 구해주세요.
아저씨 누굴 구하라고?
엄마 남동생이요.
（떵아, 엄마가 미안해, 엄마가 미안해…）

단어

主意 [zhǔyi]
명사 생각. 결심

拿主意 [názhǔyi]
동사 생각을 정하다

快点 [kuàidiǎn]
서둘러

快~了 [kuài~le]
곧 ~할 것이다

犹豫 [yóuyù]
형용사 망설이다

到底 [dàodǐ]
부사 도대체

페이의 한마디

妈说话算话。
[mā shuōhuà suànhuà]
엄마가 약속 지킬게.

페이의 노련하고 다채로운 지침서

再犹豫两个都没啦。
[zài yóuyù liǎnggè dōu méi la]

▶ **再의 용법** : ❶ 다시
　　　　　　　❷ (~한 후) ~하다
　　　　　　　❸ 아무리 ~하더라도

❶ '다시, 또, 더'의 의미로 아직 일어나지 않은 일에 대해 이야기할 때 사용됩니다.
　再来一瓶。　　　　　　　　　　한 병 더 주세요.
　今天我很忙，明天再说吧！　　　오늘 너무 바빠. 내일 다시 이야기 하자.
　再见！　　　　　　　　　　　　또 봅시다!

❷ '(~한 후) ~하다.'라는 의미로 先과 호응하여 사용되기도 합니다.
　先吃饭，再回家吧。　　　　　　먼저 밥 먹고, (그런 다음) 집에 가자.
　先养好身体，再说吧。　　　　　몸 먼저 추스리고, (그런 다음) 이야기 하자.
　我走以后，你再走吧。　　　　　나 간 다음에, 네가 가.

❸ '아무리 ~하더라도'의 의미로 也와 호응하여 사용됩니다.
　你再爱我也没有用，我已经结婚了。　네가 아무리 날 사랑해도 소용없어. 난 결혼했어.
　再难也要不放弃。　　　　　　　아무리 어렵더라도 포기하지 않아.
　再痛苦也不要哭，你是男子汉！　아무리 아파도 울지 마. 넌 사나이니까!

＊男子汉[nánzǐhàn] 사내 대장부

给你们当牛做马啊~
[gěi nǐmen dāng niúzuòmǎ a]

▶ **给의 숨겨진 용법** : '(~에게) ~를 주다'라는 대표적 의미 외에 给는 몇 가지 역할을 더 하고 있습니다.

❶ ~를 위해서 (为의 의미) / (상기 대사 속 의미도 '~를 위해서'에 해당)
　我给你当翻译，好吗?　　　　　내가 너(를 위해) 통역을 해줄게. OK?
　妈妈每天给我做饭。　　　　　　엄마는 매일 나(를 위해) 밥을 해주신다.

❷ ~에 의해 (被의 의미)
　我的车给他开走了。　　　　　　내 차는 그 남자가 타고 갔다. (그 남자에 의해 운전됨)

❸ ~를 대신해 (替의 의미)
　今天他不能来，你给他再喝一杯吧。　오늘 그는 못 와. 네가 그 대신 한 잔 더 해.
　我要逃课，你给我听课吧。　　　나 땡땡이 칠 거야. 네가 나 대신 수업 들어줘.

페이의 소중한 댓글, 통쾌한 답변

[따독따독-(여)]
你怎么再迟到了! 너 어째서 또 늦었니?
我再也不想见你。 난 다신 널 보고싶지 않구나.

[페이]
아래 문장은 맞고 윗 문장은 틀려요. 再는 아직 발생하지 않은 일을 이야기하는데 그 자식은 이미 늦었잖아요. 그럴 땐 **你怎么又迟到了!** 라고 씁니다. 又는 이미 발생한 일이라 了랑 호응해요.

[네이버만화-(남)]
天气再冷也不要买衣服，还要喝杯酒。
날씨야 네 아무리 추워봐라. 내가 옷 사 입나 술 사 먹지!

[페이]
帅哥，你真牛。 님 좀 짱! 哈哈.
抽时间一起喝吧。 시간 내서 같이 한 잔 해요.

[티파니-(남)]
2015年我工作特别忙，没时间学汉语。
但是2016年，我要再学汉语。再忙也要去看你的直播。
再见吧!
2015년에는 너무 바빠서 중국어 공부할 시간이 없었어요.
하지만 2016년엔 다시 중국어 공부를 하려고요.
아무리 바빠도 생방 보러 갈게요. 또 봐요~!

[페이]
谢谢你! 不见不散! 고마워요. 올 때까지 기다릴 거임~

감동 05

〈대지진〉 명대사 #2

감동 (10)
- 〈아저씨〉 명대사 #1
- 〈아저씨〉 명대사 #2
- 〈베테랑〉 명대사
- 〈대지진〉 명대사 #1
- 〈대지진〉 명대사 #2
- 〈미생〉 명대사
- 〈한국 드라마〉 명대사
- 〈남방소양극장〉 명대사
- 〈동탁적니〉 명대사
- 부모님 전상서

공감 (10)

재미 (10)

C-POP (2)
- 아버지
- 안녕이라고 말하고 싶지 않아

영화 〈대지진〉 번역하기 3

시간이 흘러 어른이 된 팡다와 팡떵. 지진 당시 구조된 아들 팡다는 가슴에 누이를 묻은 어머니와 주어진 삶을 살아내고 극적으로 생존한 팡떵은 자신을 구하지 않은 어머니를 원망하며 삶을 살아가죠. 세월을 돌고 돌아 다시 만난 그들은 어떤 이야기를 나누게 될까요?

SCENE 4 우리 엄마는 날 세 번이나 살렸어.

(어른이 된 아들은 결혼할 여자를 어머니께 소개해 줍니다. 팡다와 그 여자 친구의 대화에서 어머니에 대한 아들의 마음을 엿볼 수 있습니다.)

方达 一会儿见着我妈好好表现。
我妈要是不喜欢你，咱俩就**得**吹。

女友 我这是嫁你还是嫁你妈呀？

方达 我妈**生了我三次**。

女友 什么意思呀？

方达 出生算一次，刚出生那年，我**得**了肺炎差点死了，医生都说别救了，我妈说必须救，两次。地震，三次。

팡다 나중에 엄마 만나면 잘해야 돼. 엄마가 싫다면 그걸로 끝이야.
애인 내가 뭐 네 엄마랑 결혼하니?
팡다 엄마는 날 세 번 살렸어.
애인 무슨 뜻이야?
팡다 출산이 첫 번째고, 내가 태어난 그 해에 폐렴에 걸렸는데 의사도 못 살린 걸 엄마가 살려냈어. 그게 두 번째고 지진이 세 번째야.

SCENE 5 잊히지 않는 세 글자

(중산층의 군인 가정에 입양되어 자라게 된 팡떵은 엄마가 된 후, 자신을 사랑으로 키워 준 양부에게 마음의 이야기를 들려 줍니다.)

方登 地震的时候，我和我弟弟都压着，
别人说只能救一个。
我妈说，救弟弟！
这三个字就写在我耳边上。
爸，我不是不记得 我是忘不掉的。

养父 我懂，登啊，可你要记得。
亲人终究是亲人啊。

方登 可是我就是忘不掉！

팡떵 지진이 났을 때 남동생과 함께 깔렸는데
한 명만 구할 수 있단 말에
엄마는... 남동생을 구해달라고 했어요.
그 세 글자가 내 귓가를 떠나질 않아요.
아빠, 기억 못 하는게 아니라 잊을 수가 없어요.

양아버지 난 이해한다. 떵아, 하지만 명심하렴,
가족은 어쨌든 가족이야.

팡떵 하지만 난 잊을 수가 없어요!

SCENE 6 32년 만의 재회

(그러던 어느 날, 사천에서 대지진이 일어나고 구호를 돕던 남매는 재회합니다. 그리고 32년 만에 딸은 어머니와 다시 만나게 됩니다.)

妈妈 西红柿都给你洗干净了。妈没骗你。

엄마 토마토 씻어놨어. 엄마는 널 속이지 않았단다.

단어

└ 一会儿 [yíhuìr]
명사 짧은 시간

└ 表现 [biǎoxiàn]
명사 태도

└ 吹 [chuī]
구어 관계가 끝나다

└ 嫁 [jià]
동사 시집 가다

└ 肺炎 [fèiyán]
명사 폐렴

└ 差点 [chàdiǎn]
하마터면

└ 医生 [yīshēng]
명사 의사

└ 救 [jiù]
동사 구하다

└ 必须 [bìxū]
부사 반드시 ~해야 한다

└ 地震 [dìzhèn]
명사 지진

└ 压 [yā]
동사 압력을 가하다

└ 耳边 [ěrbiān]
명사 귓가, 귓전

└ 记得 [jìde]
동사 기억하다

└ 忘不掉 [wàngbúdiào]
동사 잊을 수 없다

└ 懂 [dǒng]
동사 이해하다

└ 终究 [zhōngjiū]
부사 어쨌든

단어

└ 从~到~ [cóng~dào~]
　접속사 ~에서 ~까지

└ 小学 [xiǎoxué]
　명사 초등학교

└ 高中 [gāozhōng]
　명사 고등학교

└ 开学 [kāixué]
　동사 개학하다

└ 课本 [kèběn]
　명사 교재

└ 过来 [guòlái]
　동사 겪다

└ 一辈子 [yíbèizi]
　명사 일생

└ 挺~的 [tǐng~de]
　동사 상당히 ~하다

└ 花红柳绿
　[huāhóngliǔlǜ]
　성어 호의호식하다

└ 更 [gèng]
　부사 더욱, 더

└ 折磨 [zhémó]
　동사 괴롭히다

└ 办法 [bànfǎ]
　명사 방법

└ 原谅 [yuánliàng]
　동사 용서하다

영화 〈대지진〉 번역하기 4

세월이 흘러 엄마와 딸은 재회했고 긴 세월이 만든 오해와 안타까움도 가족이라는 이름 앞에선 무색해짐을 다시금 배우게 됩니다. 그러나 우리는 감동과 안타까움이 뒤섞인 대사 속에서도 좋은 중국어 표현을 공부해야 합니다.

SCENE 7 미안해 엄마, 32년이나 엄마를 괴롭혔어...

(영화의 엔딩입니다. 엔딩 장면 함께 하신 후 모두 부모님께 전화 한 통 드리세요.)

方达 从小学到高中，每一年开学妈都买两份课本。有我一份，都有你一份。

方登 妈，这些年，你是怎么过来的呀？

妈妈 我过得挺好的。

方登 女人一辈子，有几个30年啊。你为什么呀？

妈妈 我真的过得挺好的。我要是过得花红柳绿的，都更对不起你了。

方登 妈，对不起，对不起。我折磨了您32年。32年。我没有办法原谅自己。
妈，妈，对不起。

팡다 초등학교에서 고등학교까지, 엄마는 매년 교과서를 두 권씩 샀어. 내 것 한 권, 누나 것 한 권.

팡떵 엄마, 그 오랜 세월을 어떻게 견디며 살았어요?

엄마 나는 잘 지냈단다.

팡떵 여자 평생에 30년이 몇 번 있다고…… 왜 그랬어요?

엄마 난 정말 잘 지냈어. 만약에 호의호식하며 살았다면 너한테 더 미안했을 테니까.

팡떵 엄마, 미안해요, 미안해요. 내가 엄마를 32년이나 괴롭혔어. 32년씩이나 말이야. 내 자신을 용서할 수가 없어.
엄마… 엄마, 미안해요.

BONUS

〈놓치기 싫은 명대사 모음〉

① 남편과 딸을 잃은 엄마의 입버릇

没了，才知道什么叫没了。

잃어봐야 잃은 것이 무엇인지 비로소 알게 되지.

② 왜 재혼하지 않느냐는 아들의 물음에 대한 엄마의 대답

你爸他拿命换的我，

哪个男的能用命对我好啊，

我这辈子就给他当媳妇。

네 아버지는 목숨과 나를 바꿨다.
어느 남자가 제 목숨을 바칠만큼 날 사랑하겠니.
난 이번 생 그의 아내로 살 거야.

단어

- 没了 [méile] 동사 없어지다, 죽다
- 知道 [zhīdào] 동사 알다
- 叫 [jiào] 동사 부르다
- 命 [mìng] 명사 목숨, 생명
- 换 [huàn] 동사 바꾸다
- 哪个 [nǎge] 대명사 어느 것
- 这辈子 [zhèbèizi] 명사 이 한 평생
- 当 [dāng] 동사 ~가 되다
- 媳妇 [xífù] 명사 부인, 마누라

페이의 한마디

亲人终究是亲人啊。
[qīnrén zhōngjiū shì qīnrén a]
가족은 어쨌든 가족인 거야.

페이의 노련하고 다채로운 지침서

我妈要是不喜欢你，咱俩就得吹。
[wǒ mā yàoshi bù xǐhuan nǐ zán liǎ jiù děi chuī]

▶ **조동사 得(děi)** : ~해야 한다(당위성의 표현), 동사 앞에 사용

예문　你得报警，这是金部长调戏你的。　신고 해야 돼, 이건 김부장이 널 성희롱한 거야.
　　　我们得小心，隔墙有耳嘛。　우리 조심해야 돼, 낮말은 새가 듣고 밤말은 쥐가 듣는다잖아.

　　　*报警[bàojǐng] (경찰에) 신고하다　　　调戏[tiáoxì] 성희롱하다. 집적거리다.
　　　*隔墙有耳[géqiángyǒu'ěr] 벽에도 귀가 있다. (낮말은 새가 듣고 밤말은 쥐가 듣는다.)

我得了肺炎差点死了。
[wǒ déle fèiyán chàdiǎn sǐle]

▶ **동사 得(dé)** : 얻다, 획득하다, 받다

예문　这次考试我得了一百分。　이번 시험에서 100점을 받았다.
　　　我不知道怎么得到她的心。　나는 어떻게 그녀의 마음을 얻어야 할지 모르겠다.
　　　韩国队得了冠军。　한국 팀이 금메달을 획득했다.

我妈生了我三次。
[wǒmā shēngle wǒ sāncì]

▶ **동량사의 위치** : 동작이 진행된 횟수를 나타내며 목적어에 따른 위치를 구분해야 합니다.
▶ **대표적 동량보어** : 次，遍，趟，回，场 등

❶ 목적어가 없을 때 : 동사 + 동량사

　我看了三遍。나는 세 번 봤어.
　我去过一次。나는 한 번 가봤어.

❷ 목적어가 '명사'일 때 : 동사 + 동량사 + 목적어(명사)

　星期天我要去一趟公司。일요일에 나는 회사에 한 번 다녀오려한다.
　我看了三遍这部电影。난 이 영화 세 번 봤어.

❸ 목적어가 '인칭'일 때 : 동사 + 목적어(사람) + 동량사

　他抱了我一次。그는 나를 한 번 안아 주었다.
　我叫了她三次。나는 그녀를 세 번 불렀다.

페이의 소중한 댓글, 통쾌한 답변

[나뭐사죠-(남)]
托你的福，我在这次的HSK4级考试中得了282分。
除了感谢还是感谢！

덕분에 이번 HSK4급 시험에서 282점 받았어요. 고맙고 고마워요~!

[페이]
我为你骄傲. 당신은 저의 자랑입니다. 耶~
[즈시엔] 得了192分... 하아…

[즈시엔-(남)]
难道我做错了什么吗？
제가 뭐 잘못했나요?

你等着！下次我得到满分给你看！
기다리세요! 다음에 만점 받아서 보여드리죠!

오답

[하이즈란-(남)]
我觉得《大地震》这部电影非常值得看！
所以我看了三次！你们也看看吧！

제 생각에 〈대지진〉이 영화 정말 볼 만한 것 같아요.
전 3번이나 봤어요, 여러분도 꼭 한 번 보세요!

[페이]
어떤 동작을 '처음부터 끝까지 다 ~한 것'을 이야기할 땐 次말고 遍을 써요. 영화는 횟수 자체보다 모든 과정이 중복된 것을 강조하니까 我看了三遍。으로 쓰는 것이 자연스럽습니다.
그런데 영화는 정말로 值得看이죠?
大家，该看一遍啦~ 여러분 꼭 한 번 보세요~

<미생> 명대사 06

02-06-01

감동 (10)
- <아저씨> 명대사 #1
- <아저씨> 명대사 #2
- <베테랑> 명대사
- <대지진> 명대사 #1
- <대지진> 명대사 #2
- **<미생> 명대사**
- <한국 드라마> 명대사
- <남방소양극장> 명대사
- <동탁적니> 명대사
- 부모님 전상서

공감 (10)

재미 (10)

C-POP (2)
- 아버지
- 안녕이라고 말하고 싶지 않아

<미생> 명대사 중국어로 번역하기 1

얼마 전 큰 인기를 얻었던 케이블 종편 드라마 <미생>을 기억하시나요? 기존 대사들에 비해 약간 난이도가 높을 수는 있지만 너무 좋은 문장이 많아서 함께 공유하려고 해요. 미생의 감동을 중국어로 이어봐요.

① 男主角的画外音

所谓的路不是让人走的，

重要的是一边走一边前进，

无法走出去的路不是路。

虽然路为所有人都开放着，

但是并不是所有的人都能走那条路。

*男主角 [nánzhǔjué] 드라마, 영화 속의 남자 주인공
*画外音 [huàwàiyīn] 내레이션

장그래의 내레이션

길이란 걷는 것이 아니라 걸으면서 나아가는 것이 중요하다.
나아가지 못하는 길은 길이 아니다.
길은 모두에게 열려 있지만
모두가 그 길을 걸을 수 있는 것은 결코 아니다.

2 강대리 明天见。

내일 봅시다.

3 오차장 我们都还是未生。

우린 아직 다 미생이야.

4 장그래 即使失去武器游戏也将继续。

돌을 잃어도 게임은 계속 된다.

5 성식 如果想做什么，
先单单考虑你自己。
不存在皆大欢喜的选择。

뭔가 하고 싶다면 일단 너만 생각해라.
모두를 만족시키는 선택은 없다.

6 장그래 称之为我们的孩子。

우리 애라고 불렀다.

단어

- **所谓** [suǒwèi]
  형용사 소위, 이른바
- **重要** [zhòngyào]
  형용사 중요하다
- **前进** [qiánjìn]
  동사 앞으로 나아가다
- **无法** [wúfǎ]
  동사 할 수 없다
- **开放** [kāifàng]
  동사 개방하다
- **所有** [suǒyǒu]
  형용사 모든, 전부의
- **条** [tiáo]
  양사 가늘고 긴 것을 세는 단위
- **即使** [jíshǐ]
  접속사 설령 ~하더라도
- **失去** [shīqù]
  동사 잃어버리다, 잃다
- **武器** [wǔqì]
  명사 무기, 병기
- **将** [jiāng]
  부사 장차 ~일 것이다
- **继续** [jìxù]
  동사 계속하다
- **单单** [dāndān]
  부사 단지
- **考虑** [kǎolǜ]
  동사 고려하다
- **存在** [cúnzài]
  동사 존재(하다)
- **皆大欢喜** [jiēdàhuānxǐ]
  성어 모두가 만족하다
- **称之为** [chēngzhīwéi]
  동사 ~을 ~라고 부르다

단어
└ 围棋 [wéiqí] 명사 바둑
└ 无用 [wúyòng] 동사 소용없다
└ 棋子 [qízǐ] 명사 바둑돌
└ 怪 [guài] 동사 탓하다
└ 不足 [bùzú] 동사 부족하다
└ 无论如何 [wúlùnrúhé] 어쨌든, 어찌 됐든 간에
└ 值得 [zhídé] 동사 ~할 가치가 있다
└ 世界 [shìjiè] 명사 세상, 세계
└ 不公平 [bùgōngpíng] 형용사 불공평하다
└ 失败 [shībài] 동사 실패하다
└ 不够 [búgòu] 형용사 부족하다
└ 努力 [nǔlì] 동사 노력하다

〈미생〉 명대사 중국어로 번역하기 2

어렵다고 느끼는 분들이 계실텐데 전 '어렵다고 생각하지 않기', '어렵다고 말하지 않기'에 도전해 보려고 해요. 대신 '조금 복잡하다' 또는 '아직 익숙하지 않다'라고 생각하고 말하려고요. 복잡한 건 풀 수 있고 익숙하지 않은 건 조금씩 익숙해지지만 어려우면 하기 싫고 이내 포기하게 되니까요! 그렇게 조금씩 완생을 향해 함께 가요.

장그래

下围棋的时候，没有无用的棋子。

바둑판 위에 의미 없는 돌은 없다.

不要怪别人。看看自己的不足。

남 탓 하지 마라. 내가 부족한 것이다.

无论如何，这都是要活下去的人生，
这都是值得一活的世界。

그래도 살아야만 하는 인생, 그래도 살 만한 세상.

不是因为世界不公平而失败的，
而是因为我不够努力所以才失败的。

세상이 불공평해서 실패한 것이 아니다.
내가 열심히 안 해서 실패한 것이다.

오차장 선배

如果公司是战场，那社会就是地狱。

회사가 전쟁터면 사회는 지옥이다.

장그래

是努力! 因为到现在我没有努力过，所以我的努力是崭新的，我会努力做的。无条件全力以赴。

노력이요! 전 지금까지 제 노력을 쓰지 않았으니까 제 노력은 새빠진 신상입니다. 열심히 하겠습니다. 무조건 전력을 다하겠습니다.

단어	
└ 如果 [rúguǒ] 접속사 만약	
└ 公司 [gōngsī] 명사 회사. 직장	
└ 战场 [zhànchǎng] 명사 전쟁터	
└ 社会 [shèhuì] 명사 사회	
└ 地狱 [dìyù] 명사 지옥	
└ 崭新 [zhǎnxīn] 형용사 참신하다	
└ 无条件 [wútiáojiàn] 동사 아무 조건 없이	
└ 全力以赴 [quánlìyǐfù] 성어 전력 투구하다	

페이의 한마디

下围棋的时候，没有无用的棋子。
[Xià wéiqí de shíhou, méiyǒu wúyòng de qízǐ]

바둑판 위에 의미 없는 돌은 없다.

페이의 노련하고 다채로운 지침서

并不是所有的人都能走那条路。
[bìng búshì suǒyǒu de réndōu néng zǒu nà tiáo lù]

▶ **并(bìng)의 용법** : 부사 1. 결코, 전혀, 조금도 2. (~함과) 동시에, 같이
접속사 아울러, 게다가(并且[bìngqiě]의 의미)

예문 1 她并不喜欢你。 그녀는 결코(전혀) 널 좋아하지 않아. (부사 1. 결코)
我并没有喝醉。再来一瓶吧。 나 전혀 안 취했어. 한 병 더 가져와. (부사 1. 전혀, 조금도)
– 并이 '결코'의 의미로 활용될 때 不，没，无，非와 호응

예문 2 我喜欢并支持你出的主意。 난 네가 낸 아이디어가 좋고 그 의견을 지지해.
我想找一个爱我并有钱的男人。 저는 절 사랑해 주면서 돈도 많은 남자를 찾습니다.
– 동일 목적어를 갖는 두 동사의 연결

예문 3 她已经结婚，并生了个孩子。 그 여자는 결혼했어. 애까지 낳았어. (접속사)
– 접속사로 쓰여 점층의 의미

所以我的努力是崭新的。
[suǒyǐ wǒ de nǔlì shì zhǎnxīn de]

▶ **是~的 강조 구문** : 이미 발생한 일에 대한 강조 (了와의 비교)
어떤 사건이나 동작이 이미 발생했다는 전제 하에 是과 的 사이에 들어가는 시간·장소·방법 등을 강조할 때 사용됩니다.

了완료 구문 我看电影了。 저는 영화를 보았습니다. (영화를 본 동작의 완료)
是~的강조 구문 我是昨天看电影的。 전 어제 영화를 봤어요. (어제! 영화 봄을 강조)
我是自己看电影的。 전 혼자 영화를 봤어요. (혼자! 영화 봄을 강조)
我是在家看电影的。 전 집에서 영화를 봤어요. (집에서! 영화 봄을 강조)
了의 부정 我没看电影。 저는 영화를 보지 않았습니다.
(보는 동작을 완료하지 못했으므로 了 사용 안 함)
是~的의 부정 我不是看电影的。 저는 영화 본 것이 아니에요.
是의 생략 我自己看电影的。 저 혼자! 영화 봤어요. (是을 생략 가능)
我不是自己看电影的。 저 혼자 영화 본 것은 아니에요! (부정문에서는 생략 불가)

페이의 소중한 댓글, 통쾌한 답변

[일수불퇴-(남)]
姐姐，下围棋的时候，真的没有无用的棋子吗？
那，在你的直播里我也是有用的人吧？嘻嘻
누나, 바둑판 위에 진짜 쓸모없는 돌은 없죠?
그럼 누나 방송에 저도 쓸모있는 시청자인 거죠? 히히

[페이]
开什么玩笑！赶快拿过来6级成绩单！
장난하십니까! 빠른 시일 내에 6급 성적표 가지고 오세요!

[송마오-(남)]
见屎躲开，不是因为怕，而是因为脏。
不要介意那些恶意留言！
똥이 무서워서 피하나 더러워서 피하지! 악플에 상처받지 말기!

[페이]
好酷！ 멋진데!
不过，你的留言也不那么甜。说话甜一点，可以吗？
兄弟！
근데 너 님 덧글도 달콤하진 않아. 말 좀 예쁘게… ok? 브로?

오답

[이야기-(남)]
现在我一边渴一边饿。 지금 나는 목도 마르고 배도 고프다.

[페이]
一边A 一边B 구문은 A, B 자리에 동작 동사가 들어가면서 동작이 동시에 진행되어야 하는 구문입니다. 따라서 해당 작문은 一边A一边B 대신에 又A又B 구문을 써야 합니다. 又渴又饿! 이렇게요.

Unit 06 〈미생〉 명대사 117

〈한국 드라마〉 명대사 모음

감동 (10)
- 〈아저씨〉 명대사 #1
- 〈아저씨〉 명대사 #2
- 〈베테랑〉 명대사
- 〈대지진〉 명대사 #1
- 〈대지진〉 명대사 #2
- 〈미생〉 명대사
- 〈한국 드라마〉 명대사 모음
- 〈남방소양극장〉 명대사
- 〈동탁적니〉 명대사
- 부모님 전상서

공감 (10)

재미 (10)

C-POP (2)
- 아버지
- 안녕이라고 말하고 싶지 않아

드라마 명대사로 배우는 중국어 1

드라마를 보다 보면 마음을 움직이는 대사가 나올 때가 있죠? 이번에는 여러 드라마에 나왔던 다양한 명대사들로 중국어 공부를 해보려 해요. 제가 엄선해 온 명대사들 중에 여러분의 취향을 저격하는 대사가 있었으면 좋겠어요.

① 来自星星的你

不管你愿意或者不愿意,

该发生的还是会发生。

这就是地球人说的 "命运"。

별에서 온 그대

원하든 원하지 않든 일어날 일은 일어나게 돼 있어요.
지구인들은 그것을 운명이라고 부르더군요.

② 沙漏

你喜欢我或者讨厌我都没有关系,

因为你是我的女人。

모래시계

네가 나를 좋아하든 싫어하든 상관없어. 넌 내 여자니까.

③ 我的名字叫金三顺

跳舞吧，像没有任何人欣赏一样。
唱歌吧，像没有任何人聆听一样。
干活吧，像不需要钱一样。
生活吧，像今天是末日一样。
去爱吧，像没受过伤害一样。

내 이름은 김삼순

춤추라, 아무도 바라보고 있지 않은 것처럼.
노래하라, 아무도 듣고 있지 않은 것처럼.
일하라, 돈이 필요하지 않은 것처럼.
살아라, 오늘이 마지막 날인 것처럼.
사랑하라, 한 번도 상처받지 않은 것처럼.

④ 火鸟

你没有闻到什么烧焦的味道吗？
我对你的心正在燃烧。

불새

무슨 타는 냄새 안 나요?
당신을 향한 내 마음이 타고 있잖아요.

단어

- 愿意 [yuànyì] 동사 바라다, 희망하다
- 或者 [huòzhě] 접속사 혹은
- 发生 [fāshēng] 동사 일어나다, 발생하다
- 地球 [dìqiú] 명사 지구
- 命运 [mìngyùn] 명사 운명
- 讨厌 [tǎoyàn] 동사 싫어하다
- 沙漏 [shālòu] 명사 모래시계
- 跳舞 [tiàowǔ] 동사 춤을 추다
- 像 [xiàng] 동사 ~처럼
- 任何人 [rènhérén] 누군가
- 欣赏 [xīnshǎng] 동사 감상하다
- 聆听 [língtīng] 동사 경청하다, 듣다
- 干活 [gànhuó] 동사 일하다
- 需要 [xūyào] 동사 필요하다
- 末日 [mòrì] 명사 마지막 날
- 伤害 [shānghài] 동사 상처를 주다
- 闻到 [wéndào] 관용구 냄새를 맡다
- 烧焦 [shāojiāo] 동사 까맣게 타다

단어

└ 味道 [wèidao]
  명사 맛, 냄새

└ 燃烧 [ránshāo]
  동사 타다

└ 秘密 [mìmì]
  명사 비밀

└ 花园 [huāyuán]
  명사 화원

└ 结婚 [jiéhūn]
  동사 결혼하다

└ 充满 [chōngmǎn]
  동사 충만하다

└ 魅力 [mèilì]
  명사 매력

└ 亲亲 [qīnqīn]
  동사 뽀뽀하다

└ 睡觉 [shuìjiào]
  동사 자다

└ 一起 [yìqǐ]
  부사 같이, 함께

└ 死 [sǐ]
  동사 죽다

드라마 명대사로 배우는 중국어 2

추억이 새록새록이죠? 잠시나마 드라마 속 배우가 되어 미간에 힘을 주고 연기 모드에 돌입해 보세요.
원빈도 되었다가 현빈도 되었다가 소지섭도 되었다가… 몇 번 따라하다 보면 어메이징한 일들이 일어날 거예요.

⑤ 秘密花园

我不是因为爱你而要跟你结婚，

而是因为只爱你，

所以才要和你结婚的啊，

你这个充满魅力的女人啊。

시크릿 가든

너를 사랑해서 결혼하겠다는 것이 아니라,
너만 사랑해서 결혼하겠다는 거잖아.
이 어메이징한 여자야!

⑥ 对不起，我爱你

要吃饭，还是要和我亲亲！

要吃饭，还是要和我睡觉！

要吃饭，还是要和我一起死！

미안하다 사랑한다

밥 먹을래 나랑 뽀뽀할래!
밥 먹을래 나랑 잘래!
밥 먹을래 나랑 같이 죽을래!

7 蓝色生死恋

爱情？开什么玩笑，

现在我要用钱来买。

用钱买就行了吧？要多少钱能买到？

가을동화

사랑? 웃기지 마. 이제 돈으로 사겠어.
돈으로 사면 될 거 아냐. 얼마면 되겠니?

8 请回答 1994

'present'这个英文单词有两个意思，

礼物还有现在。说不定对我们来说，

最珍贵的礼物就是现在。

正是咱们眼前的这段时间。

응답하라 1994

'present'라는 영어 단어에는 두 가지 뜻이 있다. 선물, 그리고 현재. 어쩌면 우리에게 가장 소중한 선물은 현재, 바로 지금 눈 앞에 있는 시간이라는 의미일지도 모른다.

단어

- 蓝色 [lánsè] 명사 파랑
- 生死恋 [Shēngsǐliàn] 명사 생사의 연정
- 爱情 [àiqíng] 명사 애정
- 开什么玩笑 [kāishénmewánxiào] 관용구 웃기지 매!
- 回答 [huídá] 동사 응답하다
- 单词 [dāncí] 명사 단어
- 说不定 [shuōbúdìng] 부사 짐작컨대, 어쩌면
- 珍贵 [zhēnguì] 형용사 소중하다
- 正是 [zhèngshì] 동사 바로 ~이다
- 眼前 [yǎnqián] 명사 눈 앞
- 段 [duàn] 양사 구간을 세는 단위

페이의 한마디

去爱吧，像没受过伤害一样!
[qù ài ba xiàng méi shòu guo shānghài yíyàng]

사랑하라, 한 번도 상처 받지 않은 것처럼.

페이의 노련하고 다채로운 지침서

要吃饭，还是要和我亲亲。
[yào chīfàn, háishì yào hé wǒ qīnqīn]

▶ **还是** [háishì] 용법 정리 : 부사 1. 여전히, 아직   2. (아무래도) ~하는 게 낫다
　　　　　　　　　　　　접속사 A 아니면 B (선택 의문문)

| 부사 1 | 你还是老样子。 | 넌 여전하구나. |
| 你已经走了，可我还是爱你。 | 넌 떠났는데 난 여전히 널 사랑해. |

부사 1
你还是老样子。　　　　　　　　　　넌 여전하구나.
你已经走了，可我还是爱你。　　　넌 떠났는데 난 여전히 널 사랑해.

부사 2
下午去人太多。我们还是早上去吧。　오후에 가면 사람 너무 많아. 아무래도 아침에 가는 게 낫겠어.
你还是买便宜的吧。　　　　　　　　너 아무래도 싼 걸로 사는 게 낫겠어.

접속사
你是韩国人还是中国人？　　　　　　당신은 한국인입니까, 아니면 중국인입니까？
你是学霸还是学渣？　　　　　　　　당신은 '공신'인가, '깡통'인가？

　*学霸[xuébà]　공부 잘하는 사람을 지칭하는 신조어
　*学渣[xuézhā]　공부와 담 쌓은 사람을 지칭하는 신조어

不管你愿意或者不愿意,该发生的还是会发生。
[bùguǎn nǐ yuànyì huòzhě bú yuànyì gāi fāshēng de háishì huì fāshēng]

▶ **或者** [huòzhě] 용법 정리 : 부사 어쩌면 (~일지 모른다)
　　　　　　　　　　　　접속사 ~든지 ~든지, ~하든지 아니면 ~하든지 (선택)

부사
你快去看看吧，或者她在等你。　　　너 얼른 가 봐. 어쩌면 그녀가 널 기다리고 있을지도 몰라.
坦白地问一下，或者她也喜欢你。　　담백하게 물어봐. 어쩌면 그녀도 널 좋아할지 몰라.
　－ 서술문에서의 추측

접속사
现金或者刷卡，都行！　　　　　　　현금이든 카드 결제든 다 좋아요.
全部信任，或者全都不信！　　　　　전적으로 믿든지, 아예 믿지 말든지! (서양속담 中)
　－ 서술문에서의 선택

还是과 或者의 비교
还是이 접속사로 쓰일 때, 或者와 같이 선택의 관계를 나타낼 수 있음.
단, **还是**은 의문문에 **或者**는 서술문에 쓰임.
서술문에 **还是**이 쓰인 경우는 선택의 결과를 확신할 수 없을 때!

서술문 속 还是
不知道要学汉语还是要学英语。　　　난 중국어를 배울지 영어를 배울지 모르겠어.
去中国还是去日本，我还没决定。　　중국에 갈지 일본에 갈지 아직 못 정했어.

페이의 소중한 댓글, 통쾌한 답변

[거대호-(남)]
汉语？开什么玩笑，现在我要用钱来买。多少钱？

중국어? 웃기지 마, 이제 돈으로 사겠어. 얼마면 되니?

[페이]
你买不起！虽然语法上没什么问题，可是你长得不像원빈. 走开!!

넌 못 사! 문법은 맞는데... 생긴 게 원빈이 아니라서 탈락!!

[맞다하리-(남)]
对我来说裴老师的直播是一天的维生素。

내게 있어서 페이 선생님의 방송은 하루의 비타민이다.

[페이]
对我来说你的回帖就是甜蜜的维生素呀~

저한테는 님의 댓글이 달콤한 비타민이에요. 데헷~

[난사-(남)]
Pei姐有两个名字。쫄보还是미실.你喜欢哪个名字？

Pei 누나는 이름이 2개죠. 쫄보랑 미실. 뭐가 더 맘에 들어요?

[페이]
还是은 선택 의문문을 만들 때 A 아니면 B?의 의미. 지금 문장에선 还有를 써야 해요. 그리고 이름보다 별명이 어울리니까 名字말고 昵称으로 바꿔 쓰면 더 좋아요. ^_^

Unit 07 〈한국 드라마〉 명대사 모음 123

감동 08
〈남방소양목장〉 명대사

감동 (10)
- 〈아저씨〉 명대사 #1
- 〈아저씨〉 명대사 #2
- 〈베테랑〉 명대사
- 〈대지진〉 명대사 #1
- 〈대지진〉 명대사 #2
- 〈미생〉 명대사
- 〈한국 드라마〉 명대사 모음
- **〈남방소양목장〉 명대사**
- 〈동탁적니〉 명대사
- 부모님 전상서

공감 (10)

재미 (10)

C-POP (2)
- 아버지
- 안녕이라고 말하고 싶지 않아

대만 영화 〈남방소양목장〉으로 공부하기 1

자극적인 영화에 지쳐있다면 잔잔하고 따뜻한 분위기의 대만 영화 한 편 어떠세요? 소박하지만 따뜻한 영화를 찾고 계시다면 '남방소양목장'이라는 대만 영화를 추천합니다.
풋풋한 젊은이들의 상큼한 감성으로 번역 놀이를 즐겨봐요.

SCENE 1 남양로에 오게 된 남주인공 阿东

(갑자기 사라진 여자친구를 찾아 남양로에 오게 된 阿东)

男主角的画外音

她要知道更多的事情，想去更远的地方。

而我，只想和她在一起。

我来到南阳街。这里的人都想知道更多的答案，想去更远的地方。

而我，只想知道一个答案，去一个地方。

*画外音 [huàwàiyīn] 내레이션
*南阳街 [nányángjiē] 남양로(우리나라의 노량진과 같은 고시촌의 이름)

阿东의 내레이션

그녀는 더 많은 걸 알고 싶어 했고 더 먼 곳으로 가고 싶어 했다.
나는 그저 그녀와 함께 하고 싶었다.
난 남양로로 왔다. 이곳 사람들은 많은 답을 알고 싶어 하고 더 먼 곳을 가고 싶어 한다. 하지만 난 한 가지 대답만 알고 싶고 한 곳만 가고 싶다.

SCENE 2　삽화 작가를 꿈꾸는 여주인공 小羊

(시험지에 새끼 양을 그리면서 자신을 떠난 남자를 기다리는 여주인공)

这个叫小羊的女生，每天在考卷上画一只小羊，而且起个名字叫'南方小羊牧场'。就是南阳街的意思啦。

'소양'이라는 여자애는 시험지마다 새끼 양 한 마리를 그렸고 '남방소양목장'이라는 이름도 지었다. 즉, 남양로라는 뜻이다.

SCENE 3　小羊이 그린 삽화 속 문구들

(시험지 속 새끼 양들이 들려주는 예쁜 이야기들)

失去的一定会回来，只是你要有耐心。

잃어버린 건 꼭 돌아온다. 다만 인내심이 필요할 뿐.

狼与羊可以共享共同一片草原吗？

늑대와 양이 같은 초원을 누릴 수 있나요?

真的有1314吗？

정말 영원한 사랑(一生一世)이 있나요?

단어

- 更 [gèng] 부사 더, 더욱
- 事情 [shìqing] 명사 일
- 远 [yuǎn] 형용사 멀다
- 地方 [dìfang] 명사 장소, 곳
- 而 [ér] 접속사 ~지만, 그러나
- 考卷 [kǎojuàn] 명사 시험지
- 画 [huà] 동사 그리다
- 小羊 [xiǎoyáng] 명사 새끼 양
- 而且 [érqiě] 접속사 게다가
- 起名字 [qǐmíngzi] 이름을 짓다
- 牧场 [mùchǎng] 명사 목장
- 意思 [yìsi] 명사 의미, 뜻
- 失去 [shīqù] 동사 잃어버리다
- 只是 [zhǐshì] 부사 단지, 다만
- 耐心 [nàixīn] 명사 인내심
- 狼 [láng] 명사 이리, 늑대
- 共享 [gòngxiǎng] 동사 함께 누리다
- 共同 [gòngtóng] 형용사 공동의
- 草原 [cǎoyuán] 명사 초원

단어

- 不管 [bùguǎn]
  접속사 ~에 관계없이

- 没有用 [méiyǒuyòng]
  소용이 없다

- 决定 [juédìng]
  동사 결정하다

- 离开 [líkāi]
  동사 떠나다

- 不一定 [bùyídìng]
  형용사 확정할 수 없다

- 早点 [zǎodiǎn]
  부사 좀 일찍

- 说不定 [shuōbúdìng]
  부사 아마도, 짐작컨대

- 然后 [ránhòu]
  접속사 그 다음에

- 改进 [gǎijìn]
  동사 개선하다

- 这样 [zhèyàng]
  대명사 이렇게

- 前女友 [qiánnǚyǒu]
  명사 전 여자친구

- 醒来 [xǐnglái]
  동사 잠이 깨다

- 或 [huò]
  접속사 혹은

대만 영화 〈남방소양목장〉으로 공부하기 2

'남방소양목장'은 분위기가 잔잔하면서 예쁜 표현들이 많아서 문장들을 익혀 두면 나중에 편지나 이메일을 쓸 때 예쁜 문장으로 녹여낼 수 있을 것 같아요. 다소 표현이 어려울 수는 있지만 내 것으로 만든다면 그만큼 레벨업을 할 수 있으니까 인내심을 가지고 남은 문장들을 함께 공부해 보아요.

SCENE 4 영화의 하이라이트

(서로에게 호감이 생기고 있음을 눈치채지 못한 두 사람은 어느 날 우연히 만나 자신들을 버리고 간 전 애인을 떠 올리며 아련한 대화를 나눕니다.)

小羊 很多时候，不管你做什么都是没有用的！！ 如果他已经决定要离开了。

阿东 不一定吧。如果早点知道，说不定还可以努力啊~

小羊 什么努力啊？

阿东 知道自己哪里不好，然后就去改进！

小羊 你是这样想的啊？

阿东 我常在想啊！如果我前女友离开那一天，我可以早一点醒来，或前一天，我可以多做些什么，或少做些什么。。说不定我们还在一起耶~

시아오양 네가 무엇을 어떻게 해도 소용이 없는 경우가 많아. 만약 상대방이 이별을 결심했다면 말이야.

아동 꼭 그렇진 않아! 만약 조금 일찍 알았더라면 노력해 볼 수 있었을지도 모르잖아.

시아오양 무슨 노력?

아동 본인이 뭐가 문제인지 알아보고 고칠 수도 있잖아.

시아오양 넌 그렇게 생각해?

아동 난 종종 이런 생각을 해. 만약 그녀가 떠나던 그 날 내가 좀 일찍 일어났더라면, 아님 그 전날 내가 뭘 더 해줬더라면, 아님 덜 해줬더라면… 그러면 우린 어쩌면 지금 함께이지 않을까…

小羊　你好乐观喔
阿东　你好悲观喔~
小羊　有时候就是这样子啊，时间到了该发生的就会发生。

시아오양　넌 참 긍정적이구나.
아동　넌 참 부정적이구나.
시아오양　가끔은 이런 것 같아, 시간이 되면 일어나야 할 일은 일어나기 마련이더라.

단어

└ 乐观 [lèguān]
　형용사 낙관적이다

└ 悲观 [bēiguān]
　형용사 비관적이다

└ 有时候 [yǒushíhòu]
　부사 가끔씩, 때때로

└ 时间 [shíjiān]
　명사 시간

└ 发生 [fāshēng]
　동사 일어나다

└ 懂得 [dǒngde]
　동사 이해하다

└ 快乐 [kuàilè]
　형용사 행복하다

└ 补习 [bǔxí]
　동사 보충학습을 하다

└ 结束 [jiéshù]
　동사 끝나다

└ 变成 [biànchéng]
　동사 ~로 변하다

└ 掉 [diào]
　동사 떨어지다

└ 前提 [qiántí]
　명사 전제

└ 把 [bǎ]
　개사 ~을(를)

└ 射 [shè]
　동사 발사하다

BONUS

〈놓치기 싫은 명대사 모음〉

懂得离开的人会比较快乐。
떠날 줄 아는 사람은 행복해질 수 있다.

我的补习结束了，我没有变成聪明的人。但是我学会一件事，答案真的会从天上掉下来，但前提是你要先把答案射到天上去。
내 보충수업은 끝이 났다. 난 똑똑한 사람이 되지는 못했지만 한 가지를 깨달았다. 답은 하늘에서 떨어진다. 다만 먼저 그 답을 쏘아 올리는 건 당신의 몫이다.

페이의 한마디

时间到了该发生的就会发生。
[shíjiān dào le gāi fāshēng de jiù huì fāshēng]
일어나야 할 일은 일어나기 마련이다.

페이의 노련하고 다채로운 지침서

而我，只想和她在一起。
[ér wǒ, zhǐxiǎng hé tā zài yìqǐ]

▶ **而의 용법** : 의미 전환, 병렬, 인과 등에 다양하게 쓰이는 멀티플레이어로 아래와 같이 해석하면 됩니다.

역접
她喜欢我，而我不喜欢她。 그녀는 날 좋아하지만 난 그녀가 싫다.
这样做，花费少而收获大。 이렇게 하면 돈은 적게 쓰고 수확은 크게 얻는다.
– '~지만, ~면서, 즉 그러나'를 뜻하며 但是, 可是, 不过, 却 등의 의미

순접
她每天认真而诚实地准备直播。 그녀는 매일 진지하고도 성실하게 생방송을 준비한다.
所以她的课有意思而崭新。 그래서 그녀의 수업은 재미있으면서 참신하다.
– 두 형용사를 병렬하며 '~하고도 ~하다'의 의미. 又~又와 유사

목적
我为学习汉语而看Pei的直播。 나는 중국어 공부를 위해 Pei의 방송을 본다.
– 为(~를 위해)와 함께 쓰여 목적의 뜻을 나타냄

원인
因为雾霾而离开了北京。 스모그 때문에 베이징을 떠났다.
– 因为(왜냐하면)와 함께 쓰여 원인을 설명함

변화
那声音由远而近。 그 소리가 멀리서부터 가까워진다.
由冬而春，时间过得真快。 겨울에서 봄이 되었네. 시간 진짜 빠르다.
– 由(~로부터)와 함께 쓰여 상태의 변화를 표현

有时候就是这样子，时间到了该发生的就会发生。
[yǒushíhòu jiùshì zhèyàngzi, shíjiān dào le gāi fāshēng de jiù huì fāshēng]

▶ **时间 VS 时候** : 时间 '구체적인 시간' vs 时候 '~할 때(즉, 시간 속의 일정한 시점)'

时间
今天你有时间吗？ 오늘 너 시간 있니?
你每天学习多长时间？ 너 매일 몇 시간 공부해?
我喜欢会利用时间的人。 난 시간을 잘 활용하는 사람이 좋아.
– 时间은 有时间, 多长时间, 利用时间과 같이 시간의 시작과 끝이 있을 때 사용

时候
你什么时候去中国？ 너 언제 중국 가니?
我来的时候，就什么都不知道。 난 왔을 때 아무것도 몰랐어.
那时候你真漂亮，现在怎么变成这样？ 그때 너 진짜 예뻤는데 어떻게 이렇게 변했니?
– 时候는 什么时候, 那时候, ~的时候처럼 특정한 시점을 나타낼 때 사용

페이의 소중한 댓글, 통쾌한 답변

[송마오-(남)]

减肥的方法很多，而且各不相同。

다이어트의 방법은 많고 다양하다.

[페이]

你这么了解，怎么不开动？

그렇게 잘 알고 있는 사람이 왜 안 빼는 겁니까?

[한솔캉-(여)]

裴姐的直播不但有意思，内容也非常丰满！

페이 언니의 방송은 재미있을 뿐만 아니라 콘텐츠도 매우 풍성하다!

[페이]

100점짜리 작문인 줄 알았는데 무시무시한 오류가… **丰满**[fēngmǎn]은 '글래머'라는 뜻. 고맙긴 한데 **内容**이랑 어울리려면 **丰富**[fēngfù]로 바꿔야 해요. 콘텐츠는 풍만하지 않고 풍부한 걸로~

[하이매틱-(여)]

裴姐，下一个电影是什么？ 我推荐《星空》！

페이님, 다음 영화는 뭐예요? 〈별이 빛나는 밤에〉 추천합니다!

[페이]

我们打个仗吧！ 开始没多久，就睡着了，睡得很香啊！

우리 싸웁시다! 시작하고 몇 분 안되서 잠듦! 덕분에 꿀잠 잤네..

감동 09

〈동탁적니〉 명대사

감동 (10)
└ 〈아저씨〉 명대사 #1
└ 〈아저씨〉 명대사 #2
└ 〈베테랑〉 명대사
└ 〈대지진〉 명대사 #1
└ 〈대지진〉 명대사 #2
└ 〈미생〉 명대사
└ 〈한국 드라마〉 명대사 모음
└ 〈남방소양목장〉 명대사
└ **〈동탁적니〉 명대사**
└ 부모님 전상서

공감 (10)

재미 (10)

C-POP (2)
└ 아버지
└ 안녕이라고 말하고 싶지 않아

영화 〈동탁적니〉 번역하기 1

이번 시간에는 〈동탁적니〉라는 영화로 타임캡슐을 타고 두근두근 콩닥콩닥한 첫사랑의 기억으로 시간 여행을 떠나볼까 해요. 벌써부터 유치 & 오글이죠? 꾹꾹 참고 로맨틱한 멜로 감성이 되도록 노력해 보세요. 그럼 번역도 더 근사해질 거예요!

SCENE 1 두 사람은 너무 행복했었죠, 영원을 약속할 만큼

어린 시절 만나 수 많은 추억을 나누고 우여곡절 끝에 같은 대학에 진학한 두 사람. 그들의 대학 생활은 너무나 달콤했어요. 영원을 약속할 만큼.

林一　新千年了。你有什么愿望？

小栀　第一次见面不就说了？ 我想去斯坦福上学。
　　　还有一个，我不告诉你。

林一　我想知道。

小栀　我想在教堂，办一个独一无二的婚礼。
　　　跟谁的都不一样。

林一　行啊~ 我答应你！

小栀　关你什么事！你，那你呢？你的新年愿望呢？

林一　我想带你去一个只有我们两个人的地方。

*斯坦福 [sītǎnfú] 스탠포드 대학교

린이 밀레니엄이네, 소원 빌었어?
시아오즈 처음 만났을 때 말했잖아. 스탠포드에 가고 싶다고.
그리고 하나는 말 못해.
린이 알고 싶어.
시아오즈 성당에서 세상에 단 하나밖에 없는 결혼식을 하고 싶어.
누구와도 다른.
린이 그래~ 들어줄게.
시아오즈 무슨 상관이래! 그럼 너는? 넌 무슨 소원 빌었어?
린이 난 말이야, 널 데리고 우리 둘만의 장소에 가고 싶어.

SCENE 2 예고된 이별

(시아오즈는 오랜 꿈이었던 스탠포드 진학을 린이를 위해 보류하고 그게 속상했던 린이는 시아오즈에게 미국에 갈 것을 권유해요. 그리고 졸업을 앞두고 달콤할 것만 같았던 그들의 사랑에도 시련이 찾아오죠.)

林一 我觉得你**应该**听你爸的。**不应该**放弃这个机会！
你要去美国。
小栀 我不去！
林一 别任性了！
小栀 你真想让我去啊？我不想离开你。
我不想去美国！
林一 我不希望你因为我放弃这个好机会！你去吧！
小栀 求求你，别让我走！这是我们两个人的事儿，
我一个人办不到！别走！

린이 아무래도 네 아버지 말을 듣는 게 좋겠어.
이 기회 놓치지 말고 미국에 가.
시아오즈 안 가!
린이 고집부리지 마!
시아오즈 너 정말 내가 갔으면 좋겠어?
난 너랑 헤어지기 싫어. 미국 가기 싫어!
린이 난 네가 나 때문에 기회를 저버리는 게 싫어. 가!
시아오즈 부탁이야 나 보내지 마. 이건 우리 둘 문제야.
나 혼자선 못 해! 가지 마!

단어

└ 愿望 [yuànwàng]
  명사 소원, 소망

└ 上学 [shàngxué]
  동사 입학하다

└ 还有 [háiyǒu]
  접속사 그리고

└ 告诉 [gàosu]
  동사 말하다, 알리다

└ 教堂 [jiàotáng]
  명사 성당

└ 办 [bàn]
  동사 치르다, 행하다

└ 独一无二 [dúyīwú'èr]
  성어 유일하다

└ 婚礼 [hūnlǐ]
  명사 결혼식

└ 答应 [dāying]
  동사 들어주다

└ 地方 [dìfang]
  명사 장소, 곳

└ 不应该 [bùyīnggāi]
  ~해서는 안 된다

└ 放弃 [fàngqì]
  동사 포기하다

└ 机会 [jīhuì]
  명사 기회

└ 任性 [rènxìng]
  형용사 제멋대로 굴다

└ 离开 [líkāi]
  동사 떠나다

└ 希望 [xīwàng]
  동사 바라다

└ 因为 [yīnwèi]
  개사 ~때문에

└ 办不到 [bànbúdào]
  동사 해낼 수 없다

단어
└ 着呢 [zhene] **구어** ~잖아
└ 到时候 [dàoshíhou] **구어** 그때 가서
└ 去不了 [qùbuliǎo] **구어** 갈 수 없다
└ 要是 [yàoshi] **접속사** 만약
└ 如果 [rúguǒ] **접속사** 만일, 만약
└ 当初 [dāngchū] **명사** 당시, 그 때
└ 根本 [gēnběn] 아예
└ 已经 [yǐjing] **부사** 이미, 벌써

영화 〈동탁적니〉 번역하기 2

이 영화가 더 좋았던 이유는 '현실적인 결말' 때문인데 조금 안타깝고 슬프기는 했지만 우리는 그들의 엇갈림 속에 근사한 중국어 표현만 배우면 되니까요! 스포일러가 싫으시다면 잠시 학습을 멈추고 영화를 보고 오는 건 어떨까요? 후회 안 하실 겁니다!

SCENE ③ 지키지 못한 약속

(다시 한 번 의기 투합해 함께 미국에 가기로 한 두 사람. 어디든 함께 가겠다던 린이는 결국 시아오즈보다 먼저 미국행 비행기에 오르게 됩니다.)

小梔　加油！
林一　加着呢，别到时候你去不了啦！
小梔　林一，要是我不去美国，你还去吗？
林一　不去！ 你去哪儿我去哪儿！

시아오즈　힘내!
린이　힘내고 있잖아, 그때 가서 못 간다고 하지나 마!
시아오즈　린이, 만약에 내가 미국에 안 가면 그래도 넌 갈 거야?
린이　아니! 너랑 어디든 함께 갈 거야!

SCENE ④ 시아오즈의 결혼 파티에서 재회한 두 사람

(미국으로 혼자 떠나게 된 린이와 중국에 남은 시아오즈는 각자의 삶 앞에서 조금씩 사랑에 지쳐가고 너무나 많은 시간을 놓쳐 버립니다. 그리고 시아오즈의 결혼 파티에서 둘은 너무 늦은 이야기를 나누게 됩니다.)

小梔　如果当初你知道我根本就去不了美国，
　　　你还去不去？
林一　去。我已经不是当初那个林一了。
　　　你也不是当初那个周小梔。

시아오즈　만약 그 때 내가 미국에 갈 수 없단걸 알았다 치자. 넌 그래도 갈 거니?
린이　갈 거야. 난 이미 그때의 린이가 아니야.
　　　너도 그때의 시아오즈가 아니고.

小栀 我想去美国找你来着，
可是斯坦福申请失败了。
一次，两次，我实在是没有信心了。

林一 所以你就放弃了？是吧？

小栀 我能做的都做了。只是我不确定啊

林一 你不确定什么啊？

小栀 我不确定，如果我叫你回来你还会不会回来？我们，最后还是输给了现实。
所以啊，林一！我们谁也不欠谁的。

단어

└ 找 [zhǎo] 동사 찾다

└ 来着 [láizhe] 구어 ~이었다

└ 申请 [shēnqǐng] 동사 신청하다

└ 失败 [shībài] 동사 실패하다

└ 实在 [shízài] 부사 정말

└ 信心 [xìnxīn] 명사 자신감

└ 放弃 [fàngqì] 동사 포기하다

└ 只是 [zhǐshì] 부사 단지, 다만

└ 确定 [quèdìng] 동사 확정하다

└ 输 [shū] 동사 지다, 패하다

└ 现实 [xiànshí] 명사 현실

└ 欠 [qiàn] 동사 빚지다

시아오즈 너 찾아서 미국으로 가고 싶었어. 그런데 스탠포드가 안 됐어!
한 번, 두 번, 자존감은 바닥에 떨어졌어.

린이 그래서 포기한 거야? 그렇지?

시아오즈 내가 할 수 있는 건 다 했어. 그런데 확신할 수 없었어.

린이 무슨 확신?

시아오즈 만약에 내가 돌아오라고 했으면 네가 돌아왔을까?
우리는 현실에 지고 만 거야.
그러니까 린이, 우리 누구도 탓하지 말자.

페이의 한마디

你去哪儿我去哪儿！
[nǐ qù nǎr wǒ qù nǎr]
너와 어디든 함께 갈 거야!

페이의 노련하고 다채로운 지침서

我觉得你应该听你爸的。不应该放弃这个机会！
[wǒ juéde nǐ yīnggāi tīng nǐ bà de。bùyīnggāi fàngqì zhège jīhuì]

▶ **능원동사 应该** : ❶ 마땅히 ~해야 한다 (당위성)
　　　　　　　　　❷ 분명 ~일 것이다 (경험을 근거로 한 추측)

당위성 应该	他住院了，你应该去看看！	걔 입원했어, 네가 가봐야지!
회화체 该	他住院了，你该去看看！	걔 입원했어, 네가 가봐야지!
회화체 该~了	天黑了，我该回家了！	날이 저물었네요, 전 들어가 봐야 해요!
	– 회화체에서는 주로 该~(了)의 형태로 사용	
당위의 부정	今天你不应该这样！	오늘은 이러면 안 돼!
	– 不应该 '~해서는 안 된다'로 해석	
추측의 应该	她应该明白你的意思。	그녀는 네 뜻을 이해할 거야.
추측의 该	她该明白你的意思。	그녀는 네 뜻을 이해할 거야.
	– 추측의 경우 역시 회화체에서는 주로 该~(了)의 형태로 사용	
동사 该	该你了！	네 차례야!
	该我了！	내 차례야!
	– 동사 该는 '차례가 되다'의 의미로 활용	

我想去美国找你来着。
[wǒ xiǎng qù měiguó zhǎo nǐ láizhe]

▶ **来着의 용법** : 구(句)의 끝에 쓰이며 '~하고 있었다'의 의미입니다.
　　　　　　　　회화체에 사용되며 문장 안의 동사는 了, 过와 함께 쓸 수 없습니다.

기본형	刚好我也想你来着。	때마침 나도 너 보고 싶었는데.
	我一直等你来着。	난 줄곧 널 기다리고 있었어.
의문형	他说什么来着？	걔가 뭐라고 하디?
	你做什么来着？	너 뭐하고 있었어?
	你是谁来着？叫什么来着？	네가 누구였더라, 이름이 뭐였더라?
복문형	听说你跟她分手来着，现在怎么样？	너 걔랑 헤어졌다며 지금은 좀 어때?
	我不说什么来着，你干嘛又欺负我？	나 가만히 있었는데 왜 또 괴롭혀?

*干嘛(=干吗)[gànmá] 왜 / *欺负[qīfu] 괴롭히다

페이의 소중한 댓글, 통쾌한 답변

[루이쌍~★-(남)]
哇，我推荐的电影！是吧？ 你教什么，我学什么！
와, 내가 추천한 영화다! 그렇지? 난 페이가 가르쳐 주는 것만 공부할 거야!

[페이]
对啊，是你说的。 맞아요, 오빠가 말해준 영화!
最近你嘴真甜啊！ 요즘 근데 왜 그렇게 예쁜 말만 하지? 데헷~

[푸링-(여)]
在新的一年里， Pei你的愿望是什么？
새해에 Pei님 소원은 뭐예요?

[페이]
好多呀~ 엄청 많죠~
第一， 不放弃afreeca TV的直播。
첫 번째, 아프리카 TV 방송 포기하지 않기.
第二， 2016年之内出版4本书。
두 번째, 2016년 한 해 책 4권 출판.
第三， 达成博客邻居1万名，youtube收藏者两万。
세 번째, 블로그 이웃 1만, 유튜브 2만 달성!
第四个就是个秘密，嘻嘻。 네 번째는 비밀~ 히히.

[악플계의 놀부-(남)]
哎呦，劝不住你呀！ 我说一句！
"健康第一, 多保重！"
어휴, 못 말려요! 딱 한마디만! "건강이 최고!"

감동 10

부모님 전상서

부모님 사랑이 느껴지는 짧은 문장 번역하기

부모님과 관련된 글을 보면 괜히 마음이 먹먹해지는 것 같아요. 혼자 자료를 준비하면서 너무 뭉클했거든요. 열심히 준비한 콘텐츠를 여러분께 다 공유할게요. 저 혼자 울 순 없잖아요!

1 妈妈您辛苦了。

엄마, 수고했어요.

2 父母，永远不变的爱。

영원히 변치 않는 부모님의 사랑

3 向天下所有的父母致敬。

세상 모든 부모님께 존경의 마음을 전합니다.

4 不要抱怨你父母给你的东西不够好，那可能是他们的所有了。

부모님이 당신에게 주는 것이 부족하다고 해서 그들을 탓하지 마세요. 아마도 그것이 그들의 전부일 거예요.

❺ 我不在家时

他们一日三餐，清粥小菜。

我在家时

他们每天都准备一桌好吃的。

내가 집에 없을 때

그들의 삼시 세끼는 소박소박

내가 집에 있을 때

나를 위해 날마다 준비한 진수성찬

❻ 我不在家时

他们总向别人有意无意提起我。

我在家时

他们却特别嫌弃我。

내가 집에 없을 때

사람들한테 그렇게 내 자랑을 하면서…

내가 집에 있을 때

그렇게 나를 구박해.

단어

└ 辛苦 [xīnkǔ]
  형용사 수고롭다

└ 永远 [yǒngyuǎn]
  부사 영원히

└ 变 [biàn]
  동사 변하다

└ 向 [xiàng]
  개사 ~을 향해

└ 所有 [suǒyǒu]
  형용사 모든

└ 致敬 [zhìjìng]
  동사 경의를 표하다

└ 抱怨 [bàoyuàn]
  동사 원망하다

└ 不够 [búgòu]
  형용사 불충분하다

└ 一日三餐 [yírìsāncān]
  하루 세끼

└ 清 [qīng]
  형용사 (청담의)가벼운

└ 粥 [zhōu]
  명사 죽

└ 小菜 [xiǎocài]
  명사 간단한 반찬

└ 别人 [biéren]
  대명사 남, 타인

└ 有意无意 [yǒuyìwúyì]
  성어 무심코

└ 提起 [tíqǐ]
  동사 말을 꺼내다

└ 却 [què]
  도리어, 오히려

└ 嫌弃 [xiánqì]
  동사 싫어하다, 구박하다

단어

- 勺子 [sháozi] `명사` 수저
- 筷子 [kuàizi] `명사` 젓가락
- 绑鞋带 [bǎngxiédài] 신발 끈을 묶다
- 系扣子 [jìkòuzi] `동사` 단추를 잠그다
- 梳头发 [shūtóufa] 머리를 빗다
- 擦鼻涕 [cābítì] 코를 닦다
- 屁股 [pìgu] `명사` 엉덩이
- 做人 [zuòrén] `동사` 인간이 되다
- 道理 [dàolǐ] `명사` 도리, 이치
- 或 [huò] `접속사` 혹은
- 变老 [biànlǎo] 늙다, 늙어지다
- 罗嗦 [luōsuō] 잔소리, 말이 많다
- 重复 [chóngfù] `동사` 되풀이하다
- 怪罪 [guàizuì] `동사` 원망하다

눈물 주의! 부모님에 대한 감성 폭발 글 번역하기

이번에는 좀 더 감동적이고 가슴 먹먹해지는 글을 공부해 볼까 해요. 더 감동적인만큼 글도 길어지고 난이도도 더욱 높아진다는 점! 그래도 여러분은 충분히 해내실 수 있을 거라고 믿어요. 공부 후에 엄마한테 전화 거는 건 필수!

当你很小的时候，
他们花了很多时间**教**你用勺子，用筷子吃东西。**教**你穿衣服，绑鞋带，系扣子。
教你洗脸，**教**你梳头发，**教**你擦鼻涕，
擦屁股，**教**你做人的道理。

당신이 어릴 때,
그들은 많은 시간을 들여 수저로 밥을 먹는 법을 가르쳐 주었고
옷 입는 법, 신발 끈을 매는 법, 단추를 끼우는 법을 알려줬어요.
세수하는 법, 머리 빗는 법, 코 닦는 법에 화장실 뒷처리 방법도 알려줬죠.
또 좋은 사람이 되는 법을 가르쳐줬어요.

当他们想不起来或接不上话时，当他们有一天变老时，当他们罗罗嗦嗦重复一些掉牙的故事，请不要怪罪他们。

그들이 무언가 생각이 나지 않거나 말이 잘 통하지 않을 때, 그들이 어느 순간 너무 나이가 들어 보일 때, 그들이 말이 많아지고 반복해서 케케묵은 이야기를 하더라도 그들을 원망하지 마세요.

*接不上话 [jiē búshàng huà] 말의 앞·뒤 문맥이 맞지 않다
*(老)掉牙的故事 [lǎo diàoyá de gùshi] 진부한 이야기, 케케묵은 이야기

当他们开始忘记系扣子，绑鞋带，
当他们开始在吃饭时弄脏衣服，
当他们梳头时手开始不停地颤抖，
请不要催促他们，
因为你在慢慢长大，
而他们却在慢慢变老。

그들이 단추 채우는 것, 신발 끈을 묶는 법을 잊고,
그들이 밥을 먹다가 옷을 더럽히고,
그들이 빗질을 하다가 자꾸만 손을 떨더라도,
제발 그들을 재촉하지 마세요.
왜냐하면 당신이 천천히 자라는 동안
그들은 천천히 늙어왔으니까요.

如果有一天当他们站也站不稳，
走也走不动的时候，
请你紧紧握住他们的手，陪他们慢慢地走。

就像… 就像当年他们牵着你一样。

만약 어느 날 그들이 서 있기 조차 힘들고 잘 걷지도 못하게 되면
그들의 손을 꼭 잡고 그들과 함께 천천히 걸어주세요.

마치… 그때 그들이 당신의 손을 잡고 걸어주었던 것처럼.

단어

- 忘记 [wàngjì]
  동사 잊어버리다
- 弄脏 [nòngzāng]
  동사 더럽히다
- 梳头 [shūtóu]
  머리를 빗다
- 不停 [bùtíng]
  부사 계속해서
- 颤抖 [chàndǒu]
  동사 부들부들 떨다
- 催促 [cuīcù]
  동사 재촉하다
- 慢慢 [mànman]
  형용사 천천히
- 长大 [zhǎngdà]
  동사 자라다
- 站不稳 [zhànbuwěn]
  동사 똑바로 못 서다
- 紧紧 [jǐnjǐn]
  형용사 꼭, 바싹
- 握住 [wòzhù]
  ~을 꼭 잡다
- 牵 [qiān]
  동사 잡다

페이의 한마디

向天下所有的父母致敬。
[xiàng tiānxià suǒyǒu de fùmǔ zhìjìng]
세상 모든 부모님께 존경의 마음을 전합니다.

페이의 **노**련하고 **다**채로운 **지**침서

教你做人的道理。
[jiāo nǐ zuòrén de dàolǐ]

▶ **쌍빈동사 (이중 목적어)** : 두 개의 목적어를 취하는 양다리 동사
자주 쓰는 쌍빈동사 ▶ 教, 给, 借, 还[huán], 问, 告诉

좋은 예	他教我泡妞的秘诀。	그는 내게 여자 꼬시는 방법을 가르쳐 주었다.
나쁜 예	他给我教泡妞的秘诀。	← 教가 1번 목적어(나)와 2번 목적어(비결)를 혼자 취하므로 给 불필요
给	我给他5千万韩币。	나는 그에게 5천만 원을 주었다. (목적어 : 그, 5천만 원)
借	能借我5千万韩币吗？	나에게 5천만 원을 빌려 줄 수 있니? (목적어 : 나, 5천만 원)
还	还我钱吧！	내 돈을 돌려주렴! (목적어 : 나, 돈)
问	问他还钱的日子吧。	그에게 돈 갚는 날을 물어봐. (목적어: 그, 돈 갚는 날)
告诉	我告诉你一个秘密，'今天你死定了'。	내가 비밀 하나 알려줄게. '오늘이 네 제삿날이야'. (목적어 : 너, 비밀 하나)

*泡妞 [pàoniū] : 여자를 꼬시다
*秘诀 [mìjué] : 비결, 노하우

陪他们慢慢地走。
[péi tāmen mànmàn de zǒu]

▶ **구조조사 地** : 형용사의 중첩·2음절 형용사·속담·성어·동사 등의 뒤에 쓰여 부사어를 만들어 주는 역할을 하며 的, 得, 地 트리오 중 <u>뒤의 품사가 '동사'라면 地</u>!

2음절 형용사 뒤	她高兴地说：我爱你。	그녀는 기쁘게 말했다. 날 사랑한다고. (地 뒤는 동사 说)
	你冷静地想一想！	침착하게 생각해! (地 뒤는 동사 想)
형용사 중첩 뒤	她慢慢地办手续。	그녀는 천천히 수속을 밟았다. (地 뒤는 동사 办)
	怎么能轻轻松松地赚钱呢？	돈 벌기가 어떻게 쉽겠니? (地 뒤는 동사 赚)
속담 성어 뒤	不要心不在焉地听了!	건성으로 듣지 매! (地 뒤는 동사 听)
	她总是大手大脚地花钱。	그녀는 항상 돈을 펑펑 쓴다. (地 뒤는 동사 花)

*心不在焉 [xīnbúzàiyān] : 건성으로 하다
*大手大脚 [dàshǒudàjiǎo] : 돈을 펑펑 쓰다, 돈을 헤프게 쓰다

페이의 소중한 댓글, 통쾌한 답변

[치우미-(남)]
清清楚楚地说我不是没有女朋友的，
而是不交女朋友的！
확실하게 말해두는데 저는 여자친구가 없는 것이 아니라 여자친구를 안 사귀는 겁니다!

[송마오]
好，下一个光混儿进来吧~ 네, 다음 솔로 들어오세요~

[페이]
坦白地说一下，那么寂寞吗？
솔직히 얘기해봐, 그렇게 외롭니?

[치우미-(남)]
明明白白地说：寂寞死了！给我介绍一个吧！
명명백백히 말해서: 외로워… 1명만 소개해주삼!

[金志恩-(여)]
现在我在台湾读书。很想妈妈！
我要给妈妈告诉："妈妈，我爱你！
我要努力学习，以后要你的骄傲。"
전 지금 대만에서 공부하고 있어요. 엄마가 진짜 보고싶어요.
엄마한테 말할래요: "엄마 사랑해, 열심히 공부해서 엄마의 자랑이 될게~"

[페이]
告诉는 목적어를 두 개 받아서 **给**의 도움이 필요없어요.
我要告诉妈妈가 옳아요. 그리고 엄마의 자랑이 되려면 동사 **当**이 필요해요.
我要当妈妈的骄傲。 엄마는 참 좋으시겠어요.
我为你骄傲！ 지은 씨는 저의 자랑입니다!

C-POP 01

父亲

C-POP (2)
- 父亲
- 我不想说再见

공감 (10)
감동 (10)
재미 (10)

아버지 (젓가락 형제)

2014년 젓가락형제(**筷子兄弟**)라는 남성 듀오의 《小苹果》가 대륙을 강타했었는데 저는 유쾌한 리듬의 곡보다 마음을 울리는 곡을 즐겨찾는 편이라 **筷子兄弟**의 또 다른 곡 〈父亲〉을 소개해 드리고 싶어요.
오늘도 고단했을 우리 아빠,
그 무거운 어깨를 토닥토닥 안마해 드리고 싶은 곡이예요.

总是向你索取却不曾说谢谢你
zǒngshì xiàng nǐ suǒqǔ què bùcéng shuō xièxie nǐ

直到长大以后 才懂得你不容易
zhídào zhǎngdà yǐhòu cái dǒngde nǐ bù róngyì

每次离开 总是装作轻松的样子
měicì líkāi zǒngshì zhuāngzuò qīngsōng de yàngzi

微笑着说回去吧 转身泪湿眼底
wēixiào zhe shuō huíqù ba zhuǎnshēn lèishī yǎndǐ

多想和从前一样 牵你温暖手掌
duō xiǎng hé cóngqián yíyàng qiān nǐ wēnnuǎn shǒuzhǎng

可是你不在我身旁 托清风捎去安康
kěshì nǐ bú zài wǒ shēnpáng tuō qīngfēng shāoqù ānkāng

时光时光慢些吧 不要再让你再变老了
shíguāng shíguāng mànxiē ba　búyào zài ràng nǐ zài biàn lǎo le

我愿用我一切 换你岁月长留
wǒ yuàn yòng wǒ yíqiè huàn nǐ suìyuè chángliú

一生要强的爸爸 我能为你做些什么
yìshēng yào qiáng de bàba　wǒ néng wèi nǐ zuò xiē shénme

微不足道的关心收下吧
wēibùzúdào de guānxīn shōuxià ba

谢谢你做的一切 双手撑起我们的家
xièxie nǐ zuò de yíqiè shuāng shǒu chēng qǐ wǒmen de jiā

总是竭尽所有 把最好的给我
zǒngshì jiéjìn suǒyǒu　bǎ zuì hǎo de gěi wǒ

我是你的骄傲吗 还在为我而担心吗
wǒ shì nǐ de jiāo ào ma　hái zài wèi wǒ ér dānxīn ma

你牵挂的孩子啊 长大啦
nǐ qiānguà de háizi ā　zhǎngdà lā

感谢一路上有你
gǎnxiè yílù shàng yǒu nǐ

*微不足道[wēibùzúdào] 하찮다, 보잘 것 없다

단어

└ 索取 [suǒqǔ]
　동사 요구하다

└ 曾经 [bùcéng]
　(일찍이) ~한 적이 없다

└ 直到 [zhídào]
　동사 줄곧 ~까지

└ 长大 [zhǎngdà]
　동사 자라다, 성장하다

└ 装作 [zhuāngzuò]
　동사 ~인 체하다

└ 微笑 [wēixiào]
　동사 미소짓다

└ 转身 [zhuǎnshēn]
　동사 몸을 돌리다

└ 牵 [qiān]
　동사 잡다

└ 温暖 [wēnnuǎn]
　형용사 따뜻하다

└ 手掌 [shǒuzhǎng]
　명사 손바닥

└ 托 [tuō]
　동사 부탁하다

└ 捎 [shāo]
　동사 인편에 보내다

└ 撑 [chēng]
　동사 버티다, 지탱하다

└ 竭尽 [jiéjìn]
　동사 다하다

└ 骄傲 [jiāo'ào]
　명사 자랑, 자랑거리

└ 牵挂 [qiānguà]
　동사 걱정하다

└ 一路 [yílù]
　명사 여정, 도중

C-POP (2)

└ **아버지**
└ 안녕이라고
  말하고 싶지 않아

공감 (10)

감동 (10)

재미 (10)

잃어버린 감성까지 모두 모아 노래 번역 도전하기

부모님을 생각하는 마음은 국적과 언어를 넘어 다 마찬가지인가 봐요. 2011년에 출시된 곡인데 언제 들어도 참 따뜻한 것 같아요. 유사한 주제의 곡으로 时间都去哪儿了도 있습니다.
이 곡이 마음에 들었다면 时间都去哪儿了도 들어보세요.
감성 충만한 하루가 될 거예요.

늘 받기만 했지… 감사하다고 말 한 적이 없네요.
어른이 되어서야… 당신이 쉽지 않았을 거란 걸 알게 됐어요.

떠날 땐 언제나 아무렇지 않은 모습으로 웃으며
"얼른 가~" 라고 말씀하셨지만 돌아서선 눈물을 흘리셨죠.

예전처럼 당신의 그 따뜻한 손을 잡을 수 있었으면 해요…….
하지만 당신이 제 곁에 없네요.
당신의 안녕을 바람에 맡겨 보냅니다.

시간아… 천천히 흘러주렴. 내 아버지 더 늙지 않게.
내 모든 것을 바쳐 당신의 세월과 바꾸리니.

한 평생 강해야만 했던 아빠
제가 당신을 위해 무엇을 할 수 있을까요.
보잘 것 없는 이 마음을 받아주세요.

당신이 이룬 모든 것에 감사합니다.
두 손으로 일으키신 집,
언제나 모든 것을 다하여 제게 가장 좋은 것을 주셨죠.

제가 당신의 자랑거리인가요? 여전히 저를 걱정하고 계신가요?
당신이 걱정하던 그 아이… (이렇게) 다 자랐어요…….
언제나 당신이 함께해 주었음에 감사합니다…….

페이의 한마디

感谢一路上有你。
[gǎnxiè yílù shàng yǒu nǐ]
함께해 주셔서 감사합니다.

C-POP 02

我不想说再见

02-12-01

C-POP (2)
- 父亲
- **我不想说再见**

공감 (10)
감동 (10)
재미 (10)

안녕이라고 말하고 싶지 않아 (밀크 커피)

개인적으로 중국의 2인조 혼성듀오 **牛奶咖啡**〈밀크 커피〉를 참 좋아해요. 여자 보컬의 음색이 너무 곱거든요. 또 공감되는 가사의 곡들이 참 많아요. 가사도 쉬운 편이라 여러분의 중국어 공부에도 도움이 될 것 같아 소개드려요. 《**我不想说再见**》이 외에도 좋은 곡들이 많으니 꼭 한 번 들어보세요.

不知不觉已经到了冬天
Bùzhībùjué yǐjīng dàole dōngtiān

我遇见最后一片树叶
Wǒ yùjiàn zuìhòu yípiàn shùyè

冬天里最后一片树叶
Dōngtiānlǐ zuìhòu yípiàn shùyè

很静的等待着春天
Hěn jìng de děngdàizhe chūntiān

抬起头我看着它
Tái qǐ tóu wǒ kànzhe tā

眼睛里充满了幸福的泪水
Yǎnjinglǐ chōngmǎn le xìngfú de lèishuǐ

当树叶静静的静静落下来
Dāng shùyè jìngjìngde jìngjìng luòxiàlái

我突然想起了你温暖的脸(你的笑脸)
Wǒ tūrán xiǎngqǐ le nǐ wēnnuǎn de liǎn(nǐdexiàoliǎn)

我不想说再见
Wǒ bùxiǎng shuō zàijiàn

不想和你分别
Bùxiǎng hé nǐ fēnbié

想陪在你身边
Xiǎng péi zài nǐ Shēnbiān

为你许下小小心愿
Wèi nǐ xǔ xià xiǎoxiǎo xīnyuàn

最寒冷的季节
Zuì hánlěng de jìjié

就让我回到你身边
Jiù rang wǒ huídào nǐ Shēnbiān

在一起期待着春天
Zài yìqǐ qīdài zhe chūntiān

在一起期待着春天
Zài yìqǐ qīdài zhe chūntiān

단어
└ 不知不觉 [bùzhībùjué] 성어 부지불식간에
└ 遇见 [yùjiàn] 동사 우연히 만나다
└ 树叶 [shùyè] 명사 나뭇잎
└ 静 [jìng] 형용사 조용하다, 고요하다
└ 等待 [děngdài] 동사 기다리다
└ 抬 [tái] 동사 들어올리다, 들다
└ 充满 [chōngmǎn] 동사 가득 차다
└ 泪水 [lèishuǐ] 명사 눈물
└ 落 [luò] 동사 떨어지다
└ 突然 [tūrán] 부사 갑자기
└ 温暖 [wēnnuǎn] 형용사 따뜻하다
└ 分别 [fēnbié] 동사 헤어지다
└ 陪 [péi] 동사 동반하다, 함께하다
└ 许下 [xǔxià] 동사 소원을 빌다
└ 心愿 [xīnyuàn] 명사 소원, 소망
└ 寒冷 [hánlěng] 형용사 춥고 차다
└ 期待 [qīdài] 동사 기대하다

C-POP (2) ▼
ㄴ 아버지
ㄴ <u>안녕이라고 말하고 싶지 않아</u>

| 공감 (10) |
| 감동 (10) |
| 재미 (10) |

잃어버린 감성까지 모두 모아 노래 번역 도전하기

심플한 가사가 청아한 보컬의 목소리와 너무 잘 어울리는 곡이예요. 가사를 익히고 감정을 실어 근사하게 한 곡 불러보세요. 책 속에 실린 몇 곡의 노래가 가벼운 힐링이 될 수 있었으면 좋겠어요.

어느새 겨울이 되었어.
난 마지막 잎새를 보았어.

이 겨울 마지막 잎새가
조용히 봄을 기다려.

고개를 들어 그걸 봐.
눈 한 가득 행복의 눈물을 머금고…

잎새가 조용히, 조용히 떨어지면
난 불현듯 너의 따뜻한 얼굴이 생각나.
(2절: 난 불현듯 너의 웃는 얼굴이 떠올라.)

안녕이라고 말하지 않을래.
너와 헤어지고 싶지 않은걸.

네 옆에 있고 싶어.
널 위한 기도를 할래.

지독히 추운 이 계절에
네 옆으로 돌아갈 수 있게 해줘.

너와 함께 봄을 기다릴래.
너와 함께 봄을 기다릴래.

페이의 한마디

想陪在你身边。
[Xiǎng péi zài nǐ Shēnbiān]

네 옆에 있고 싶어.

#3 CHAPTER

재미

Unit 01	한 글자로 말해요
Unit 02	치킨 명언 번역하기
Unit 03	숫자로 배우는 사자성어
Unit 04	다이어트는 내일부터
Unit 05	공신 vs 깡통
Unit 06	우리 헤어져!
Unit 07	그대들도 외롭나요?
Unit 08	달콤 살벌 연애
Unit 09	신조어 & 유행어
Unit 10	박명수 어록
C-pop	#1 차도 없고 집도 없네
	#2 사랑한다면 안아주세요

재미 01
한 글자로 말해요

본격! SNS 필수 표현 모음 1

채팅이나 문자, SNS를 이용할 때 감정이나 의사를 좀 더 간편하게 전달하기 위해서 우리는 '헐, 짱'과 같은 말을 사용하곤 하죠? 중국어도 똑같답니다. 뜻 글자인 중국어는 이를 어떻게 표현하는지 알아볼게요.

재미 (10)
- 한 글자로 말해요
- 치킨 명언 번역하기
- 숫자로 배우는 사자성어
- 다이어트는 내일부터
- 공신 vs 깡통
- 우리 헤어져!
- 그대들도 외롭나요?
- 달콤 살벌 연애
- 신조어 & 유행어
- 박명수 어록

감동 (10)

재미 (10)

C-POP (2)
- 차도 없고 집도 없네
- 사랑한다면 안아주세요

[niú] 짱

1 他真牛！学习好，运动好，长得帅，怎么会这么完美。

쟤 진짜 짱이야! 공부 잘해, 운동 잘해, 얼굴까지 잘생김. 진짜 완벽해…

[yūn] 헐

2 一句话都听不懂，晕~~

한 마디도 못 알아 듣겠다. 헐~~

[hàn] 헛

3 女人的第六感真厉害，汗！

여자들 촉이 장난 아니야, 헛!

④ 我很囧，但是我很快乐！

난 찌질하지만 그래도 뭐 난 행복해!

⑤ 你在发什么呆？

너 왜 '멍' 때리고 있어?

⑥ '槑'是什么意思？
二呆组成就成为形容人比呆还呆的意思。

'槑'가 무슨 뜻입니까?
두 개의 '멍'이 만나 '멍'보다 더 '멍'하다는 뜻이지요.

단어 ▼
└ 长得 [zhǎngde] **명사** 생김새
└ 完美 [wánměi] **형용사** 완벽하다
└ 听不懂 [tīngbudǒng] **동사** 듣고도 모르다
└ 第六感 [Dìliùgǎn] **명사** 제 6감, 식스 센스
└ 厉害 [lìhai] **형용사** 대단하다
└ 但是 [dànshì] **접속사** 그러나
└ 快乐 [kuàilè] **형용사** 행복하다
└ 发呆 [fādāi] **동사** 멍해지다
└ 意思 [yìsi] **명사** 의미, 뜻
└ 组成 [zǔchéng] **동사** 구성하다
└ 成为 [chéngwéi] **동사** ~이(가) 되다
└ 形容 [xíngróng] **동사** 묘사하다

* 牛 '실력이 보통이 아니다'의 의미로 우리말의 '짱'과 비슷
* 晕 우리말의 '돌아버리겠다'와 비슷한 표현
* 汗 원래 '땀'이라는 의미의 명사. 인터넷 상에서 감탄, 형용에 사용
  놀라서 할 말이 없을 때 우리말의 '삐질.' 과 비슷하게 사용
* 囧 '지지리도 못남'을 나타내는 표현 (이모티콘처럼 사용)
* 呆 '멍하다, 어리둥절하다'를 형용하는 표현
* 槑 呆+呆 즉, 멍+멍 이므로 '멍청하다' 정도의 의미

| 단어 ▼ |

└ 小可爱 [xiǎokěài]
  구어 귀염둥이.
  우리말 '귀요미'와 유사

└ 睡觉 [shuìjiào]
  동사 (잠을) 자다

└ 终于 [zhōngyú]
  부사 마침내, 결국

└ 考试 [kǎoshì]
  동사 시험을 치다

└ 太~了 [tài~le]
  너무 ~하다

└ 开工 [kāigōng]
  동사 일을 시작하다

└ 不要 [búyào]
  동사 ~하지 마라

└ 闹 [nào]
  동사 소란을 피우다

본격! SNS 필수 표현 모음 2

SNS 언어는 어디나 다 비슷한가 봐요. 예전에 버카충(버스 카드 충전)을 처음 듣고 '나 혼자 시대에 뒤쳐지고 있나?' 하는 웃픈 생각을 했었는데 지금의 여러분도 마찬가지인가요? 너무 깊은 생각이 때론 어학을 방해하는 것 같아요. 오늘은 좀 가볍게 나머지 6개 표현도 즐겨주세요.

⑦ 你看小可爱还睡觉的样子，萌死了。

귀염둥이 잠자는 모습 좀 봐요, 귀여워 죽겠어요.

⑧ 今天终于考完试了！太爽了！

드디어 시험 끝! 완전 좋아!

⑨ 要开工了！表闹！

일해야 해! 소란 피우지 마!

⑩ 切，你小看我了吧？
等着瞧！

쳇! 날 얕봤다 이거지? 두고 봐!

단어

└ 小看 [xiǎokàn]
　동사 우습게 여기다

└ 等着瞧 [děngzheqiáo]
　구어 두고 보자

⑪ 哼！谁都不理我。

흥, 아무도 상대 안 해주네...

└ 不理 [bùlǐ]
　동사 상대하지 않다

└ 聊 [liáo]
　동사 잡담하다

└ 先 [xiān]
　명사 먼저

⑫ 你们聊吧，我先闪啦！

얘기들 나눠, 먼저 간다!

└ 啦 [la]
　조사 了+啊
　了와 啊의 의미 겸유

---

* 萌　'갓 태어난 아기처럼 귀엽다'는 의미
* 爽　'유쾌, 상쾌, 통쾌한 상태'를 형용
* 表　不要를 줄여서 말함. (~하지마의 의미) '슙! 하지매'
* 切　우리말 '쳇'과 유사하며 불편한 심기를 표현
* 哼　우리말 '흥'과 유사하며 불편한 심기를 표현
* 闪　'끼어들지 않고 비켜 준다'는 의미 & '번개처럼 속전속결'의 의미

페이의 한마디

一句话都听不懂，晕~~
[yíjùhuà dōu tīngbudǒng yūn]

한 마디도 못 알아 듣겠다. 헐~~

페이의 노련하고 다채로운 지침서

怎么会这么完美。
[zěnme huì zhème wánměi]

▶ **怎么의 용법** : 대명사 怎么는 '어떻게'의 의미 외에 여러 가지 뜻을 가지고 있습니다.

어떻게	你是怎么来的？	너 어떻게 왔니? (정말 어떻게 왔는지 온 수단, 방식을 묻는 경우)
어째서	你怎么每天迟到啊？	넌 어째서 매일 지각이냐? (당위에 어긋나는 행동에 대한 가벼운 질책)
어쩜 이리	你怎么这么漂亮！	넌 어쩜 이리 예뻐? (这么, 那么와 호응하여 정도의 강조)
왜 그래	今天你怎么了，怎么回事？	너 오늘 왜 그래? 어떻게 된 일이야? (원인에 대한 물음)
아무리 ~해도	我怎么说，她也不听。	내가 아무리 이야기해도 안 들어. (也와 호응)
반어문	她怎么会来呢。	걔가 어떻게 오겠니? (당연히 올 수 없다는 의미로, 주로 呢와 호응)
부정문	她不怎么说话，今天很奇怪。	걔는 말 잘 안하는데 오늘 이상하네. (不怎么는 不太의 의미)

要开工了！表闹！
[yào kāi gōng le！ biǎo nào]

▶ **줄임말의 또 다른 예** : 票[piào], 甭[béng], 宣[xuān], 造[zào]

表 不要[búyào]를 줄여서 표현한 SNS 신조어
　表说！我什么都不想听！　　말하지 마! 아무 것도 듣고 싶지 않아!

票 男票[nánpiào], 女票[nǚpiào] 형태로 사용하며 '친구 朋友[péngyou]'의 줄임 표현
　我为什么没有女票？到底是为什么呢？　난 왜 여자친구가 없는가? 도대체 왜?

甭 不用[búyòng]의 줄임 표현으로 이미 상용되는 관용구 (甭이라는 글자 속에 不와 用 위아래로 나열)
　甭客气，我们俩谁跟谁啊！　원 별말씀을 우리가 어떤 사이입니까!

宣 喜欢[xǐhuan]을 줄여서 표현한 SNS 신조어
　傻瓜，我宣你。真的真的宣你。　바보야 네가 좋아. 진짜 진짜 네가 좋아.

造 知道[zhīdào]를 줄여서 표현한 SNS 신조어
　你造吗？她是骗你的。　너 알아? 걔가 너 속인 거야!

페이의 소중한 댓글, 통쾌한 답변

[빙결-(남)]
我的女朋友有时候装卖萌，可是我还是最爱她。
제 여친은 가끔 귀여운 척을 해요. 하지만 저는 그녀를 제~일 사랑합니다.

[페이]
好浪漫！ 로맨틱해. 히히!
그런데 귀여운 척은 装可爱 또는 卖萌[màiméng]으로 표현해요. 卖萌 자체에 귀여운 척이라는 의미가 모두 들어 있어 동사 装[zhuāng]을 또 쓰면 안돼요.
装卖萌을 卖萌으로 수정^^

[토니토니김밥-(남)]
今天讲的内容真爽！ 你很牛~ 牛B~
我也不要发呆！ 跟你好好学下去！ 耶~
오늘 콘텐츠 유후~ 진짜 좋았어요. 짱짱~ 님하 짱~
저도 멍 그만 때리고! 페이님이랑 열심히 공부해야겠어요! 예~

[페이]
今天你怎么了？ 오늘 왜 이러실까…
话说得怎么这么好听？ 어쩜 이리 듣기 좋은 말을?

[아이쩐-(남)]
你表那么认真工作，再努力就不会有男票的。
甭说谢谢，因为我是你的粉丝。 你不造吧？
我很宣你。 支持你。 加油！
그렇게 열심히 일하지 마요, 더 열심히 하시면 남친 안 생겨요.
고맙다고 말할 필요는 없어요. 저는 님의 팬이니까. 모르시죠?
제가 좋아하고 응원해요. 파이팅~!

Unit 01 한 글자로 말해요 157

재미 02
치킨 명언 번역하기

치느님으로 공부하는 중국어 1

언젠가부터 치킨은 우리나라 사람들이 가장 선호하는 음식으로 인식될 만큼 인기를 얻었어요. 그러다 보니 인터넷에서 치킨과 관련된 재미있는 자료들을 접할 수 있었어요. 그중에서도 치킨과 관련된 공감 가는 치킨 명언들이 있었는데 이 글귀들을 중국어로 공부해 보아요.

03-02-01

재미 (10)
- 한 글자로 말해요
- **치킨 명언 번역하기**
- 숫자로 배우는 사자성어
- 다이어트는 내일부터
- 공신 vs 깡통
- 우리 헤어져!
- 그대들도 외롭나요?
- 달콤 살벌 연애
- 신조어 & 유행어
- 박명수 어록

공감 (10)

감동 (10)

C-POP (2)
- 차도 없고 집도 없네
- 사랑한다면 안아주세요

❶ 人生是炸鸡的延续。

인생은 치킨의 연속이다.

❷ 一半原味一半调味,多给些萝卜。

반 반 무 많이.

❸ 原味还是调味,这才是问题!

후라이드냐, 양념이냐 그것이 문제로다!

❹ 今天要吃的炸鸡不要推到明天。

오늘 먹을 치킨을 내일로 미루지 말라.

❺ 人生分为遇见炸鸡前和遇见炸鸡后。

인생은 치킨을 알기 전과 후로 나뉜다.

❻ 你可以恨杀鸡的人，但不要恨炸鸡的人。

닭을 죽인 자는 미워하되 튀긴 자는 미워하지 말라.

❼ 可以断言炸鸡是最完美的事物。

단언컨대 치킨은 가장 완벽한 물질입니다.

단어

- 炸鸡 [zhájī] 명사 치킨
- 延续 [yánxù] 동사 계속하다
- 原味 [yuánwèi] 명사 원래의 맛
- 调味 [tiáowèi] 동사 간을 맞추다
- 些 [xiē] 양사 조금, 약간
- 萝卜 [luóbo] 명사 무
- 问题 [wèntí] 명사 문제
- 推 [tuī] 동사 미루다, 밀다
- 分为 [fēnwéi] 동사 ~으로 나누다
- 遇见 [yùjiàn] 동사 우연히 만나다
- 恨 [hèn] 동사 미워하다
- 杀 [shā] 동사 죽이다
- 炸 [zhá] 동사 튀기다
- 断言 [duànyán] 동사 단언하다
- 完美 [wánměi] 형용사 완벽하다
- 事物 [shìwù] 명사 사물, 물질

치느님으로 공부하는 중국어 2

아마도 치킨으로 중국어를 공부하는 교재는 〈페이의 마중〉이 유일할 거예요. 누가 이렇게 재미있는 말들을 생각해 내는지 정말 궁금하네요. 그러면 나머지 문장들도 재미있게 공부하고 보상으로 치킨 한 마리 어때요? 열심히 공부한 당신, 뜯어라!

단어

- 如果 [rúguǒ] 접속사 만약
- 灵魂 [línghún] 명사 영혼
- 必定 [bìdìng] 부사 반드시
- 勇敢 [yǒnggǎn] 형용사 용감하다
- 就像 [jiùxiàng] 마치 ~와 같다
- 一点 [yìdiǎn] 양사 약간
- 天堂 [tiāntáng] 명사 천국
- 绝对 [juéduì] 부사 절대로
- 只 [zhǐ] 부사 단지, 오직
- 只 [zhǐ] 양사 마리
- 羡慕 [xiànmù] 동사 부러워하다
- 煮 [zhǔ] 동사 삶다, 끓이다

⑧ 如果炸鸡也有灵魂，那必定是不怕热油的勇敢。

치킨에도 영혼이 있다면 끓는 기름을 두려워하지 않는 강인함.

⑨ 吃炸鸡就像看到了一点天堂。

치킨을 먹는 것은 천국을 살짝 엿보는 것이다.

⑩ 会有没吃过炸鸡的人，可绝对不会有只吃一次炸鸡的人。

치킨을 단 한 번도 안 먹은 사람은 있어도 한 번만 먹은 사람은 없다.

⑪ 有一只炸好的鸡，不羡慕十只煮的鸡。

잘 튀긴 치킨 하나, 열 백숙 안 부럽다.

⑫ 当谁想要你的鸡腿时，
不要让出你的鸡翅。

누가 너의 닭다리를 탐할 때 너의 닭날개는 내주지 마라.

⑬ 双手拿着炸鸡时，
重的那边是骨头的，
轻的那边是纯肉的。

양손에 치킨을 들었을 때 한쪽이 무겁다면 뼈, 가벼운 쪽은 순살이다.

⑭ B和D之间有C，就像Birth和Death
之间有Chicken一样。

B와 D 사이에는 C, 즉 Birth와 Death 사이에 Chicken이 있다.

단어

- **想要** [xiǎngyào]
  동사 ~하려고 하다

- **腿** [tuǐ]
  명사 다리

- **翅** [chì]
  명사 날개

- **让** [ràng]
  동사 양보하다

- **双手** [shuāngshǒu]
  명사 양 손, 두 손

- **拿** [ná]
  동사 잡다, 쥐다

- **骨头** [gǔtou]
  명사 뼈

- **纯肉** [chúnròu]
  요리 순살

- **之间** [zhījiān]
  명사 (~의) 사이

페이의 한마디

今天要吃的炸鸡不要推到明天。
[Jīntiān yào chī de zhájī búyào tuīdào míngtiān]

오늘 먹을 치킨을 내일로 미루지 말라.

페이의 노련하고 다채로운 지침서

吃炸鸡就像看到了一点天堂。
[chī zhájī jiùxiàng kàndào le yìdiǎn tiāntáng]

▶ **결과보어 到** : 동사 뒤에서 해당 동사의 결과를 보충해주는 보어가 결과보어인데, 동사 + 결과보어 + 목적어 순으로 사용되며 가장 흔히 쓰이는 결과보어로 到를 꼽을 수 있습니다.

목적달성 到
我终于看到IU了。 나 드디어 아이유를 보았어. (보고 싶었는데 드디어 봄)
你买到EXO的演唱会票了吗？ 너 엑소 콘서트 티켓 샀어? (사기 어려운데 목적 달성)

~까지 到
星期天我睡到9点了。 일요일에 난 9시까지 잤어.
我们公司搬到北京了。 우리 회사 베이징으로 이사했어.

주의사항
我找到手机了。 저 휴대폰 찾았어요.
(결과보어는 了와 함께 쓰이는 경우가 많음)

我没找到。 휴대폰 못 찾았어요.
(단 了(완료)를 부정할 때는 没로 하고, 了 기재하지 않음)

双手拿着炸鸡时，重的那边是骨头的。
[shuāngshǒu názhe zhájī shí, zhòngde nàbiān shì gǔtóu de]

▶ **동태조사 着(지속태)** : 어떤 동작의 상태가 지속되고 있는 것을 의미 (동사·형용사 + 着)

일반형
电视开着，里面有人吗？ TV가 켜져 있네, 안에 누구 있어요?
我知道你还在等着她。 난 네가 여전히 그녀를 기다리고 있다는 걸 알아.

부정형
电视没开着，里面没有人。 TV가 켜져 있지 않아, 안에 아무도 없어.
我没等着她。 난 그녀를 기다리고 있지 않아.
– 동태조사 着의 부정에는 没(有)를 씁니다.

기타형
她可能喜欢我，一直看着我笑。 걔 나 좋아하나봐, 계속 날 보면서 웃어.
你坐着说吧！ 앉아서 얘기해 봐.
– 着 앞뒤로 동사를 써서 방식·수단을 나타낼 수 있습니다. (보면서 웃음/앉아서 수다)

在와의 비교
他在看你。 그가 널 보고 있어.
(지금 현재 보고 있다는 의미, 부사 在는 동사 앞에 위치)

他看着你。 그는 널 보고 있어.
(줄곧 예의 주시하고 있다는 의미, 着는 동사 뒤에 위치)

– 일반적으로 在는 지금 현재 진행되는 상황을 이야기하며 이 동작은 끝이 있습니다.
반면 着는 상태의 지속을 이야기하며 지속 상태는 유지될 수 있습니다.

페이의 소중한 댓글, 통쾌한 답변

[tiancaixixi-(남)]
今天要做的推荐不要推到明天。
오늘 누를 추천을 내일로 미루지 마라.

[페이]
果然是 추천맨. 근데 추천하다는 点赞으로 더 많이 쓴답니다.
今天要点的赞不要推到明天！！

[케슈칸트-(남)]
今天要看的直播，不要推到明天。
今晚要吃原味的炸鸡~！！
오늘 봐야 할 방송을 내일로 미루지 마라. 오늘 저녁은 후라이드 한마리.
문장을 익히니까 응용하기 편하네요. 谢谢！

[BJ Choi-(여)]
我的一天分为看裴的直播和不看裴的直播。
나의 하루는 페이님의 방송을 보는 것과 보지 않는 것으로 나뉜다.

[페이]
我说过吗？ 有你真好！
제가 말했던가요? 당신이 있어 참 좋다고…

[S.K.Y-(남)]
[S.K.Y-(남)]世界分为战争与和平。
세상은 전쟁과 평화로 나뉜다.

재미 03
숫자로 배우는 사자성어

03-03-01

재미 (10)
- 한 글자로 말해요
- 치킨 명언 번역하기
- **숫자로 배우는 사자성어**
- 다이어트는 내일부터
- 공신 vs 깡통
- 우리 헤어져!
- 그대들도 외롭나요?
- 달콤 살벌 연애
- 신조어 & 유행어
- 박명수 어록

공감 (10)

감동 (10)

C-POP (2)
- 차도 없고 집도 없네
- 사랑한다면 안아주세요

숫자로 배우는 사자성어 1

'사자성어'라고 하면 괜히 어렵게 느껴지고 막연히 외워야 한다는 스트레스를 받지는 않나요? 그래서 이번에 준비한 내용은 1부터 10까지의 숫자와 관련된 자주 쓰는 '사자성어'입니다.
전혀 어렵지 않으니까 가벼운 마음으로 공부해 보세요!

① 一言为定
[yìyánwéidìng]
한 마디로 약속하다, 번복 따위 없음

明天两点见吧，就一言为定!

내일 두 시에 봐, 번복하기 없기!

② 二话不说
[èrhuàbùshuō]
두 말 하지 않다(행동개시)

遇到喜欢的女生，二话不说!

마음에 드는 여자를 만난 경우, 행동개시!

❸ 三三两两
[sānsānliǎngliǎng]
삼삼오오, 둘씩 셋씩

三三两两摆放的开心果。

삼삼오오 놓여있는 피스타치오.

❹ 四面楚歌
[sìmiànchǔgē]
사면초가, 곤경에 처하다, 사방이 적이다

面临四面楚歌。

现在我的处境真是四面楚歌啊。

사면초가의 상황에 처하다.
지금 내 처지가 진짜 사면초가다.

❺ 五花八门
[wǔhuābāmén]
각양각색, 형형색색

五花八门炒饭的做法。

각양각색의 볶음밥 조리법.

단어

└ 遇到 [yùdào]
　동사 마주치다

└ 摆放 [bǎifàng]
　동사 진열하다

└ 开心果 [kāixīnguǒ]
　명사 피스타치오

└ 面临 [miànlín]
　동사 직면하다

└ 处境 [chǔjìng]
　명사 처지, 환경

└ 真是 [zhēnshi]
　부사 정말, 진짜

└ 炒饭 [chǎofàn]
　명사 볶음밥

└ 做法 [zuòfǎ]
　명사 만드는 방법

단어

- 霜 [shuāng]
  명사 서리

- 女人 [nǚren]
  명사 여인, 여성

- 含冤 [hányuān]
  동사 한을 품다, 억울하지만 꾹 참다

- 房间 [fángjiān]
  명사 방

- 乱 [luàn]
  형용사 어지럽다

- 糟 [zāo]
  형용사 망치다

- 刘备 [Liúbèi]
  인명 유비

- 关羽 [GuānYǔ]
  인명 관우

- 张飞 [zhāngfēi]
  인명 장비

- 桃园 [táoyuán]
  명사 도원

- 结为 [jiéwéi]
  ~를 맺다, 결성하다

숫자로 배우는 사자성어 2

공부해 보니 어떤가요? 한 번쯤 들어 본 익숙한 사자성어도 있지 않나요? 알고 보면, 사자성어는 우리 생활 속에서 아주 쉽게 접할 수 있어요. 생각보다 쉽게 짧은 문장에 '멋'을 담을 수 있겠죠? 얼른 익혀서 중국어에 허세를 담아봅시다.

❻ 六月飞霜
[liùyuèfēishuāng]
유월에도 서리가 내리다, 억울한 일을 겪다

女人含冤，六月飞霜。
여자가 한을 품으면 오뉴월에도 서리가 내린다.

❼ 乱七八糟
[luànqībāzāo]
엉망진창이다, 뒤죽박죽이다, 아수라장이다

你的房间怎么这么乱七八糟啊？
방이 어쩜 이렇게 엉망진창이야?

❽ 八拜之交
[bābàizhījiāo]
의형제, 결의 형제, 의자매

刘备，关羽，张飞在桃园结为八拜之交。
유비, 관우, 장비는 도원에서 의형제를 맺었다.

❾ 十有八九
[shíyǒubājiǔ]
십중팔구, 열에 아홉, 거의

只要努力，十有八九都会成功。
열심히만 하면 열에 아홉은 성공할 수 있다.

❿ 十全十美
[shíquánshíměi]
완전무결한

世上没有十全十美的选择。
세상에 완벽한 선택이란 없어.

단어

└ 只要 [zhǐyào]
  접속사 ~하기만 하면

└ 努力 [nǔlì]
  동사 노력하다

└ 成功 [chénggōng]
  동사 성공하다

└ 世上 [shìshàng]
  명사 세상

└ 选择 [xuǎnzé]
  명사 선택

페이의 한마디

世上没有十全十美的选择。
[shìshàng méiyǒu shíquánshíměi de xuǎnzé]
세상에 완벽한 선택이란 없어.

페이의 노련하고 다채로운 지침서

숫자를 활용한 센스 만점 축복의 인사

一帆风顺	[yìfānfēngshùn]	순풍에 돛을 단 듯 순조롭고,
二龙戏珠	[èrlóngxìzhū]	두 마리의 용처럼 기세 있고
三阳开泰	[sānyángkāitài]	양기 듬뿍 받아 흥성하시고,
四季平安	[sìjìpíng'ān]	사계가 평안하시길 바랍니다.
五福临门	[wǔfúlínmén]	다섯 가지 복이 저절로 찾아오고,
六六大顺	[liùliùdàshùn]	모든 일이 순조롭길 바라며,
七星高照	[qīxīnggāozhào]	북두의 모든 별이 높이 비추고,
八方进宝	[bāfāngjìnbǎo]	팔방에서 금은 재화가 쏟아지기를
九九归一	[jiǔjiǔguīyī]	궁극에는(결국에는)
十全十美	[shíquánshíměi]	모든 것이 완전무결하시길 기원합니다.
百事顺心	[bǎishìshùnxīn]	계획하신 모든 일이 마음처럼 진행되고
千事吉祥	[qiānshìjíxiáng]	모든 일에 행운이 깃들며,
万事如意	[wànshìrúyì]	만사형통하시기를 축원합니다.

新年快乐，百事顺心，
千事吉祥，万事如意

숫자 유행어 총정리

88	拜拜	'Bye-bye'의 의미
886	拜拜喽	Bye-bye 뒤에 귀여운 어기를 추가하여 '잘가염, 안뇨옹'과 유사한 느낌
55	呜呜	'엉엉'의 의미로 우리가 흔히 사용하는 ㅠ_ㅠ 와 유사한 느낌
520	我爱你	'사랑한다'의 의미로 5월 20일에 이성에게 고백을 하기도 함
		五、二、零을 빠르게 발음하면 我爱你와 유사 (521도 같은 의미)
9494	就是就是	'맞아맞아', '그래그래'의 의미로 우리가 사용하는 '끄덕끄덕'과 유사한 어감
7456	气死我了	'성질 나 죽겠다'의 의미로 七、四、五、六와 气死我了의 발음이 비슷함
1314	一生一世	'일 평생, 한 평생'을 의미하며 일반적으로 520과 함께 사용
1314 520	一生一世 我爱你	'영원히 사랑해'의 의미
3Q	谢谢	'감사하다'의 의미로 숫자 三 + 알파벳 Q = '쌍큐(thank you)'

페이의 소중한 댓글, 통쾌한 답변

[金智慧-(여)]

我也喜欢用成语说汉语。
我的男朋友有各样各色的毛病，他要改过迁善？ 对吗？

저도 성어를 쓰면서 중국어 하는 거 좋아요.
내 남친은 각양각색의 나쁜 버릇이 있어서 개과천선해야 한다. 맞아요?

[페이]

중국에서는 개과천선을 **改过自新**[gǎiguòzìxīn]이라고 해요. 각양각색은 **各种各样**[gèzhǒnggèyàng]! 대부분 우리가 사용하는 성어와 같지만 이렇게 다른 것도 있답니다~

[남자인간-(남)]

今天我在路上见到一位美女，一看她我就爱上了。

오늘 길에서 진짜 예쁜 여자 봤어요. 보자마자 사랑에 빠졌다는….

[페이]

그럴 때 쓰는 사자성어가 있죠! "**一见钟情**"
첫눈에 반했다는 뜻이에요.
一看她我就爱上了 → 一见钟情

[얄이짱-(여)]

哇，这个数字流行语真好玩儿~
3Q，5201314~

와, 숫자 유행어 재밌어요~ 고마워요, 영원히 사랑해요.

[페이]

3Q3Q3Q!! 希望你在新的一年里，
百事顺心千事吉祥万事如意!

감사 감사 감사! 올 한 해도 만사형통이요~

재미 04
다이어트는 내일부터

다이어트 명언 중국어로 공부하기

이번에는 '다이어트와 공부는 내일부터!'라는 우리들의 모습을 풍자한 글을 보고 다이어트는 몰라도 중국어 공부는 지금부터 할 수 있도록 '다이어트'와 관련된 재미있는 중국어 문장들로 콘텐츠를 구성해 봤어요. 우리 공부만큼은 내일로 미루지 맙시다!

03-04-01

재미 (10)
- 한 글자로 말해요
- 치킨 명언 번역하기
- 숫자로 배우는 사자성어
- **다이어트는 내일부터**
- 공신 vs 깡통
- 우리 헤어져!
- 그대들도 외롭나요?
- 달콤 살벌 연애
- 신조어 & 유행어
- 박명수 어록

공감 (10)

감동 (10)

C-POP (2)
- 차도 없고 집도 없네
- 사랑한다면 안아주세요

---

① 减肥从明天开始！

다이어트는 내일부터!

② 不要再吃了！和火锅，巧克力，零食说再见吧！减肥从现在开始！

더 먹지 말아요! 샤브샤브, 초콜릿, 간식과 작별의 인사를 나누세요. 다이어트는 지금부터!

*火锅[huǒguō] 중국식 샤브샤브
*巧克力[qiǎokèlì] 초콜릿

③ 说我不用减肥的人，都是坏人！

나보고 살 뺄 필요 없다고 하는 사람은 다 나쁜 사람!

④ 再难也要坚持！没借口！

아무리 힘들어도 꼭 뺀다! 변명은 없다!

⑤ 减肥没有失败，只有放弃。

다이어트에 실패는 없다. 포기만 있을 뿐.

⑥ 肉肉我不爱你了，你走吧！

不要再迷恋我，我们分手吧！

살아 살아… 네가 싫어졌어, 그만 가줘!
나한테 미련 가지지 말아줘, 우리 헤어지자!

⑦ 我们都有一个梦想。

其实是个很小的愿望，我们想，

和其他的女孩子一样穿裙子，谈恋爱。

우리에겐 꿈이 하나 있어요. 사실 참 작은 바람이죠.
우리도 다른 여자들처럼 치마도 입고 연애도 하고 싶어요…

⑧ 要漂亮总是要付出代价的。

예뻐지는 데엔 언제나 대가가 따른다.

단어

- 减肥 [jiǎnféi] **동사** 살을 빼다
- 从~开始 [cóng~kāishǐ] ~부터 시작하다
- 零食 [língshí] **명사** 간식
- 坏人 [huàirén] **명사** 나쁜 사람
- 坚持 [jiānchí] **동사** 계속해 나가다
- 借口 [jièkǒu] **명사** 핑계, 변명
- 失败 [shībài] **명사** 실패
- 放弃 [fàngqì] **동사** 포기하다
- 肉 [ròu] **명사** (사람의) 살
- 迷恋 [míliàn] **동사** 미련을 두다
- 分手 [fēnshǒu] **동사** 헤어지다
- 梦想 [mèngxiǎng] **명사** 꿈
- 其实 [qíshí] **부사** 사실
- 愿望 [yuànwàng] **명사** 바람
- 其他 [qítā] **대명사** 기타
- 穿 [chuān] **동사** 입다
- 裙子 [qúnzi] **명사** 치마, 스커트
- 谈恋爱 [tánliàn'ài] **동사** 연애하다

단어

- 总是 [zǒngshì]
  부사 늘, 언제나
- 付出 [fùchū]
  동사 지불하다
- 代价 [dàijià]
  명사 대가
- 怕 [pà]
  동사 무서워하다
- 而已 [éryǐ]
  조사 ~뿐이다
- 必须 [bìxū]
  부사 반드시 ~해야 한다
- 克制 [kèzhì]
  동사 자제하다
- 一辈子 [yíbèizi]
  명사 한평생
- 羡慕 [xiànmù]
  동사 부러워하다
- 别人 [biéren]
  대명사 타인, 다른 사람
- 单身 [dānshēn]
  명사 솔로, 싱글
- 并 [bìng]
  부사 결코
- 意味着 [yìwèizhe]
  동사 의미하다
- 不懂 [bùdǒng]
  동사 이해하지 못하다
- 大多数 [dàduōshù]
  형용사 대다수의
- 原因 [yuányīn]
  명사 원인

본격 다이어트 욕구 자극하기

이번에는 다이어트 욕구가 좀 더 생길 수 있도록 여러분에게 일침을 날릴 수 있는 더 강력한 문장들을 모아봤어요. 여기까지 왔으면 이미 공부는 절반 이상 해낸 거예요! 이제 날씬해져서 못생기기만 합시다.

9 我不是不想减肥。
我只是怕反弹而已。

난 빼기 싫은 게 아니고 다만 요요가 두려울 뿐이다.

*反弹 [fǎntán] 원래대로 회복되다(요요가 오다)

10 必须减肥！
再不克制就一辈子羡慕别人了。

반드시 빼야 한다.
참지 못하면 평생 다른 사람만 부러워하면서 살아야 한다!

11 单身并不意味着你不懂爱，
大多数原因是你太胖。

사랑을 몰라서 솔로인 것이 아니다.
대다수의 원인은 네가 뚱뚱해서다.

12 当你年老时回想**起来**，

一辈子没有瘦过，多遗憾啊！

나이가 들어 회상을 할 때 한 평생 단 한 번도
날씬했던 적이 없다면 얼마나 후회가 되겠는가!

13 连体重都控制不了，

怎么控制人生？

체중도 컨트롤 못하면서 인생을 어떻게 컨트롤 한단 말인가?

14 没有减不了的肥，

只有不正确的方法。

뺄 수 없는 살은 없다. 정확하지 않은 방법만 있을 뿐!

15 不要只幻想自己瘦了的样子!

살이 빠진 스스로의 모습을 상상만 할텐가!

단어

- 胖 [pàng] 형용사 뚱뚱하다
- 瘦 [shòu] 형용사 마르다
- 遗憾 [yíhàn] 동사 유감이다
- 连~都 [lián~dōu] 개사 ~조차도
- 体重 [tǐzhòng] 명사 체중
- 控制 [kòngzhì] 동사 통제하다
- 不了 [bùliǎo] 동사 ~할 수(가) 없다
- 只有 [zhǐyǒu] 동사 ~만 있
- 正确 [zhèngquè] 형용사 정확하다
- 方法 [fāngfǎ] 명사 방법
- 只 [zhǐ] 부사 단지
- 幻想 [huànxiǎng] 동사 상상하다
- 样子 [yàngzi] 명사 모습, 모양

페이의 한마디

减肥没有失败，只有放弃。
[jiǎnféi méiyǒu shībài zhǐyǒu fàngqì]
다이어트에 실패는 없다. 포기만 있을 뿐.

페이의 노련하고 다채로운 지침서

要漂亮总是要付出代价的。
[yào piàoliang zǒngshì yào fùchū dàijià de]

▶ **빈도부사** : 동사나 형용사 앞에 쓰여 동작이나 상태가 발생하는 빈도를 나타냅니다.

总是	通常	经常, 常常	偶尔, 有时	很少	从不
Always	Usually	Often	Sometimes	Rarely	Never
언제나, 항상	보통, 대개	자주, 종종	때때로, 가끔	드물게	한 적이 없음

100% ────────────────────────── 0%

总是	你怎么总是迟到。	넌 어째서 항상 지각이니?
通常	我通常迟到, 但不是故意的。	전 대체로 지각을 합니다만 일부러 그러는 건 아니예요.
经常, 常常	他也常常迟到。	그도 종종 늦어요.
偶尔, 有时	你也偶尔迟到吗？	당신도 가끔 지각을 하나요?
很少	我很少迟到。	제가 지각을 하는 일은 드물어요.
从不	我从不迟到。	전 지각을 한 적이 없어요.

当你年老时回想起来，一辈子没有瘦过，多遗憾啊！
[dāng nǐ nián lǎo shí huíxiǎng qǐlái, yíbèizi méiyǒu shòu guo duō yíhàn a]

▶ **~起来의 용법** : 동사 起来는 '일어나다, 기상하다'의 의미이지만 동사 뒤에서 방향보어로 사용되는 起来는 아래와 같이 다양한 의미를 표현합니다.

해보니 起来	看起来好看，穿起来不舒服。	보기엔 예쁜데 입으니까 불편해.
	说起来容易，做起来难。	말하기는 쉽지만 (실천)하기는 어렵다.
모아 起来	我们要团结起来！	우리는 단결해야 합니다. (흩어진 힘을 한데 모은다는 의미)
	意见都收集起来了。	의견을 모두 모아봤습니다. (각각의 의견을 한데 모았다는 의미)
시작 起来	他们俩突然打起来了。	둘이 갑자기 싸우기 시작했다.
	她高兴得唱起来了。	그녀는 기뻐서 노래를 부르기 시작했다.

 起来가 시작을 의미할 때 목적어가 있으면 起와 来의 배를 갈라야 합니다. 즉, 동사 + 起 + 목적어 + 来
她高兴得唱<u>起歌来</u>。　　그녀는 기뻐서 노래를 부르기 시작했다. (목적어 歌 가운데 차지)
我今年<u>学起汉语来</u>了。　난 올해 중국어 공부를 시작했어. (목적어 汉语 가운데 차지)

페이의 소중한 댓글, 통쾌한 답변

[s.k.y-(남)]

连成绩都控制不了，怎么控制人生呢?

성적도 컨트롤 못하면서 인생을 어떻게 컨트롤 합니까?

[페이]

说起来容易，做起来难。 말은 쉽고 실천은 어렵죠.
听说你放弃了数学，高考剩下了200多天。
不要放弃，再试试吧!

수학은 버렸다고 들었는데 수능까지 200일 정도 있으니,
다시 해 봐요~!

[구윰구윰-(여)]

这次我不及格了HSK6级，不过这只是开始而已。

난 HSK6급 시험에 불합격했지만, 이건 시작일 뿐이다.

[페이]

是啊，世上没有失败只有放弃! 加油!

맞아요, 세상에 실패는 없대요. 포기만 있을 뿐! 힘내요!

[성원성원-(남)]

我的萌儿~ 哥哥总是在你身边支持你!
不要难过~宝贝你难过，我更难过!

우리 구윰~ 오빠는 늘 네 옆에서 응원해!
슬퍼하지 마요, 우리 애기 슬퍼하면 오빠는 더 슬퍼요~

[천재xixi-(남)]

肉麻呀! 恶心恶心! 把他们踢出去吧!

닭살! 커플 싫어~ 얘네 강퇴 시킵시다!

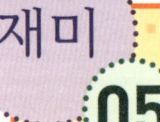

공신 VS 깡통

재미 (10)
- 한 글자로 말해요
- 치킨 명언 번역하기
- 숫자로 배우는 사자성어
- 다이어트는 내일부터
- **공신 vs 깡통**
- 우리 헤어져!
- 그대들도 외롭나요?
- 달콤 살벌 연애
- 신조어 & 유행어
- 박명수 어록

공감 (10)

감동 (10)

C-POP (2)
- 차도 없고 집도 없네
- 사랑한다면 안아주세요

같이 중국어 공부하면 최소 学渣는 아니다!

이번 콘텐츠의 핵심 키워드인 学霸와 学渣를 두고 어떻게 번역하면 쉽고 재미있을지 고민을 많이 했어요. 学渣를 어떻게 우리말로 옮겨야 할까 고민하다가 완곡, 완화 작업을 거듭하여 '깡통' 정도로 명명했습니다. 学渣되기 싫으시면 오늘도 파이팅이요!

① 要做学霸，不做学渣！

공신이 되자, 깡통 말고!

*学霸[xuébà] 공부 잘 하는 사람을 지칭하는 말 (공부의 신 → 공신)
*学渣[xuézhā] 공부 못 하는 사람을 지칭하는 말 (꼴통, 깡통)

② 你是学霸还是学渣？

당신은 공신인가 깡통인가?

③ 我要当学霸！

난 공신이 되겠어!

④ 想当学霸，那就好好努力啊！

공신이 되고 싶다면 열심히 할 것!

5 我要当学雾？学霾？… 算了！
注定学渣一个！

난 공싱? 공싐?이 되겠… 접자! 그냥 깡통이구나!

> 我要当学雾？学霾？
> 算了。

6 我终于知道了学渣作用，
那就是衬托学霸的优秀。

난 마침내 깡통의 역할에 대해 알게 되었다.
그건 바로 공신을 더 돋보이게 해주는 것이다.

7 高否？富否？帅否？否！滚去学习！

키 커? 돈 많아? 잘생겼어? 아니라면! 닥치고 공부!

단어

└ 还是 [háishi]
  A 아니면 B

└ 当 [dāng]
  동사 ~이 되다

└ 好好 [hǎohǎo]
  부사 잘, 최대한

└ 努力 [nǔlì]
  동사 열심히 하다

└ 算了 [suànle]
  동사 됐어, 필요 없어

└ 注定 [zhùdìng]
  동사 운명으로 정해진

└ 终于 [zhōngyú]
  부사 마침내, 결국

└ 知道 [zhīdào]
  동사 알다, 이해하다

└ 作用 [zuòyòng]
  명사 역할

└ 衬托 [chèntuō]
  동사 돋보이게 하다

└ 优秀 [yōuxiù]
  형용사 우수하다

└ 高 [gāo]
  형용사 높다, 키가 크다

└ 富 [fù]
  형용사 부유하다

└ 帅 [shuài]
  형용사 잘생기다

└ 否 [fǒu]
  부사 의문문 끝에서 물음을 나타냄

└ 滚 [gǔn]
  동사 저리 가, 꺼져

단어

- 考 [kǎo]
  동사 시험을 보다

- 错 [cuò]
  동사 틀리다

- 对 [duì]
  동사 맞다

- 上课 [shàngkè]
  동사 수업을 듣다

- 厕所 [cèsuǒ]
  명사 변소, 뒷간

- 回答 [huídá]
  동사 대답하다

- 不舒服 [bùshūfu]
  형용사 불편하다

- 懒 [lǎn]
  형용사 게으른

- 驴 [lǘ]
  명사 당나귀

- 屎尿 [shǐniào]
  명사 대소변

- 不许 [bùxǔ]
  동사 허락하지 않다

이것 까지 공부하면 学霸 인정!

学渣를 번역기에 넣고 번역하면 '배운 찌꺼기'라고 번역이 되더군요. 차마 교재에 学渣를 배운 찌꺼기라고 표현할 수가 없어서 고심한 끝에 '깡통'이라고 표현했습니다. 그런데 学霸면 어떻고 学渣면 또 어떻습니까? 지식보단 지혜가 필요한 세상이니 학창시절을 추억하며 다음 표현들도 즐겨주세요.

[본격 공신 & 깡통 비교]

考完后

- 学霸 你错了几题？
- 学渣 你对了几题？

시험이 끝난 후

- 공신 넌 몇 문제 틀렸냐？
- 깡통 넌 몇 문제 맞았냐？

上课中

- 学霸说 老师我想上厕所。
- 老师回答 是不是哪里不舒服啊？ 快去！
- 学渣说 老师我想上厕所。
- 老师回答 懒驴懒马屎尿多， 不许去！

수업 중

- 공신 쌤, 저 화장실 가고 싶어요.
- 선생님 어디가 불편하구나, 얼른 다녀오렴~
- 깡통 쌤, 저 화장실 가고 싶어요.
- 선생님 뱃 속에 똥만 찼냐? 참아!

*懒驴上磨屎尿多 [lǎnlǘshàngmòshǐniàoduō]
[속담] 게으른 당나귀가 수시로 똥오줌을 싼다.

学霸和学渣的共同点就是两者写作业时都不翻书。

공신과 깡통의 공통점은
둘 다 숙제할 때 책을 넘겨보지 않는다는 점이다.

在世上有三个学霸。
第一个是老师口中的"我的上一届学生"
第二个是家长口中的"别人家的孩子",
第三个就是别的家长口中的
"自己家的孩子"。

세상에는 세 종류의 공신이 있다.
첫 번째는 선생님이 말씀하시는 '전 기수 선배',
두 번째는 엄마가 말씀하시는 '엄마 친구 아들',
세 번째는 엄마 친구가 이야기하는 '본인 아들'.

단어

- 共同点 [gòngtóngdiǎn] 명사 공통점
- 写作业 [xiězuòyè] 동사 숙제하다
- 翻书 [fānshū] 동사 책장을 넘기다
- 世上 [shìshàng] 명사 세상
- 老师 [lǎoshī] 명사 선생님
- 届 [jiè] 양사 회
- 家长 [jiāzhǎng] 명사 학부모
- 孩子 [háizi] 명사 자녀
- 自己 [zìjǐ] 대명사 자기, 자신

페이의 한마디

高否？富否？帅否？否！滚去学习！
[gāofǒu fùfǒu shuàifǒu? Fǒu! gǔnqù xuéxí]
키 커? 돈 많아? 잘생겼어? 아니라면! 닥치고 공부!

페이의 노련하고 다채로운 지침서

想当学霸，那就好好努力啊。
[xiǎng dāng xuébà, nà jiù hǎohǎo nǔlì a]

▶ **就의 용법** : 就는 생활 속 활용 빈도가 매우 높은 단어로 다양한 의미를 전할 수 있습니다.

곧, 바로	我马上就给你看我的女朋友。 你等等，她马上就到。	내가 바로 내 여친 보여줄게! (짧은 시간 강조, 주로 马上과 호응) 기다려. 그녀가 곧 도착할 테니. (금방 도착함을 강조, 马上과 호응)
just 강조	你看！她就是我的女朋友！ 我们就在夜店认识的.	봐! 얘가 바로 내 여친이야! (정말 여자친구가 실존함을 강조) 우린 바로 클럽에서 알게 되었어. (다른 곳도 아닌 클럽임을 강조)
의지	不分，不分，就不分！ 今年我就要交上女朋友！	안 헤어져! 절대 안 헤어져! (절대 안 헤어진다는 결연한 의지) 올해 난 꼭 여친 사귈거야. (결연한 의지. 要와 호응하여 사용되기도 함)
벌써	我们三天前就分手了。	우린 3일 전에 벌써 헤어졌지. (이미 끝마쳤음을 강조, 주로 了와 호응)
	她27岁就结婚了。	그녀는 스물 일곱에 벌써 결혼했어. (일이 일찍 일어났음을 강조)

공신 vs 깡통을 잇는 재치 만점 실용어 비교

★ **拜金女**[bàijīnnǚ] vs **三不女**[sānbùnǚ] ⇨ 된장녀 vs 개념녀
　– 물질을 중시하는 여성 vs 쇼핑, 추종, 허세를 기피하는 여성

★ **高富帅**[gāofùshuài] vs **屌丝**[diǎosī] ⇨ 엄친아 vs 루저
　– 돈 많고 외모 준수한 남자 vs 돈 없는데 외모도 별로인 미래가 어두운 사람
　– 여자의 경우 **白富美**[báifùměi] vs **女屌丝**[nǚdiǎosī]

★ **靠化妆**[kàohuàzhuāng] vs **素颜美女**[sùyánměinǚ] ⇨ 화장빨 vs 쌩얼미녀
　– 화장으로 실제의 모습을 감춘 것 vs 화장하지 않은 얼굴도 예쁜 여성

★ **走红**[zǒuhóng] vs **过气**[guòqì] ⇨ 잘나감 vs 한물감
　– 인기 있어 잘 나가는 사람·사물 vs 과거 한 때 잘 나갔으나 이제는 한물간 사람·사물

★ **富二代**[fù'èrdài] vs **穷二代**[qióng'èrdài] ⇨ 금수저 vs 흙수저
　– 재벌 2세를 일컫는 신조어 vs 가난을 되물림한 빈곤한 가정의 자녀

페이의 소중한 댓글, 통쾌한 답변

[현이93-(남)]
学霸和学渣还有一个共同点,
就是从不偏科[piānkē]!

공신이랑 깡통이랑 공통점이 하나 더 있어요. 한 과목에만 치우치진 않는 것...

[페이]
哇，我们班的学霸~
我很喜欢你这样的回帖[huítiě]~

우와, 우리 반 공신~ 전 이런 댓글 너무 좋아요~

[상처받은너-(남)]
Pei主播，那我呢？
我也每次来帮你评价服装，发型什么的嘛！。

Pei님, 저는요?
저도 매번 방송 와서 의상이랑 헤어 평가해 드리잖아요.

[페이]
所以，把你叫做'学渣'！！

그래서 그대를 '슈에짜(꼴통)'라 부르는 겁니다!

[메쏘-(남)]
素颜美女를 찾다가 또 한 해가… 靠化妆도 좋으니 给我出现吧!
我会当你的'白马王子'! 제가 그대의 '백마 탄 왕자'가 되어 드리리다…

[페이]
白马王子已经过气了，
'宝马王子' 走红的时代了。

백마 탄 왕자 한물 갔어요. 'BMW 왕자'가 환영 받는 시대죠.

Unit 05 공신 VS 깡통 181

재미 06
우리 헤어져!

이별 단골 멘트 번역하기

정말 세상에 좋은 이별은 없나 봐요. 중국의 이별 단골 멘트도 우리와 크게 다르지 않네요. 나이를 먹고 어른이 되어도 이별은 언제나 괜찮지 않지만 학습을 위해 이별도 재미로 승화시켜 봅시다. 생활의 변화와 전환이 필요한 당신에게 어떤 이별은 선물일 수도 있으니까.

재미 (10)
- 한 글자로 말해요
- 치킨 명언 번역하기
- 숫자로 배우는 사자성어
- 다이어트는 내일부터
- 공신 vs 깡통
- **우리 헤어져!**
- 그대들도 외롭나요?
- 달콤 살벌 연애
- 신조어 & 유행어
- 박명수 어록

공감 (10)

감동 (10)

C-POP (2)
- 차도 없고 집도 없네
- 사랑한다면 안아주세요

❶ 我不爱你了。我们分手吧。
　더는 널 사랑하지 않아. 우리 헤어져.

❷ 为什么你一直说再见？
　왜 계속 헤어지자고 해?

❸ 分手不是你的错。
　이별은 당신 탓이 아니에요.

❹ 对不起，其实你是个好人。
　미안해, 사실 넌 좋은 사람이야.

5 分手之后还爱你。

이별 후에도 널 사랑해.

6 分手后我们还可以是朋友。

이별 후에도 우린 여전히 친구야.

7 来，今天算算这分手费。

자, 오늘 이별 비용을 좀 계산해 보자꾸나.

8 再见，时光。再见，我的爱。

안녕, 그때. 그리고 그대.

9 再见了，我那么那么爱你，

一点也不遗憾。

잘가라. 널 정말 사랑했으니 후회는 없다.

단어

└ 分手 [fēnshǒu]
동사 헤어지다

└ 一直 [yìzhí]
부사 계속, 줄곧

└ 错 [cuò]
명사 착오, 잘못

└ 其实 [qíshí]
부사 사실

└ 可以 [kěyǐ]
~할 수 있다

└ 朋友 [péngyou]
명사 친구, 벗

└ 算 [suàn]
동사 계산하다

└ 费 [fèi]
명사 비용, 수수료

└ 时光 [shíguāng]
명사 시기, 때

└ 那么 [nàme]
대명사 그렇게

└ 一点 [yìdiǎn]
약간

└ 遗憾 [yíhàn]
동사 섭섭하다, 유감이다

단어

- **只是** [zhǐshì]
  부사 단지, 다만

- **适合** [shìhé]
  동사 어울리다

- **懂** [dǒng]
  동사 알다, 이해하다

- **怪** [guài]
  동사 탓하다

- **所有** [suǒyǒu]
  형용사 모든

- **伤心** [shāngxīn]
  동사 상심하다

- **至少** [zhìshǎo]
  부사 적어도, 최소한

- **只能** [zhǐnéng]
  동사 ~할 수밖에 없다

- **别人** [biéren]
  대명사 남, 타인

이별 후 공감되는 한 마디

이별이라는 키워드로 너무 가벼운 말장난만 한 것 같아 이번에는 좀 더 어른스러운 문장들을 준비해 보았습니다. 특히 서기(舒淇)의 SNS에서 발췌한 글은 제게 정말 많은 생각을 하게 한 소중한 글이에요. 길고 어렵다고 포기하지 말고 천천히 여러 번 익혀주세요. 그 남자(그 여자)와는 이별했지만 중국어와는 헤어지지 맙시다.

⑩ 我们都没错，只是不适合。

우린 잘못하지 않았어. 다만 맞지 않을 뿐.

⑪ 你不懂我，我不怪你。

넌 날 이해하지 못했지만, 난 널 탓하지 않아.

⑫ 所有的分手都是伤心的。

아프지 않은 이별은 없다.

**⑬ 至少你可以分手，
我只能看着别人分手。**

넌 이별이라도 하지,
난 다른 사람 이별하는 것만 쳐다보고 있어.

대만 배우 서기(舒淇)의 SNS에서 찾은 소중한 글귀

茶凉了，就别再续了，
再续，也不是原来的味道了
人走了，就别再留了，
再留下，也不是原来的感觉了
情没了，就别回味了，
再回味，也不是原来的心情了。

拥有时好好珍惜，离开了默默祝福。

人生的旅途，
没有人是应该要陪你走到最后的。

다 식은 차에 다시 물을 붓는다 해도, 이미 원래의 맛이 아니듯
떠난 사람을 다시 붙잡아 둔다 해도, 이미 원래의 감정이 아니며
식은 감정을 다시 곱씹어 본다 해도, 이미 원래의 사랑이 아니다.

내 것일 때 아껴주고 떠난 후엔 그저 축복해 주기.

인생이라는 여정에,
반드시 당신과 끝까지 함께해 주어야 할 사람은 없다.

단어

- 凉 [liáng] 동사 식다
- 续 [xù] 동사 계속하다
- 原来 [yuánlái] 부사 원래, 이전에
- 味道 [wèidao] 명사 맛
- 留 [liú] 동사 머무르게 하다
- 回味 [huíwèi] 동사 돌이켜보다
- 拥有 [yōngyǒu] 동사 소유하다
- 珍惜 [zhēnxī] 동사 아끼다
- 默默 [mòmò] 부사 묵묵히
- 祝福 [zhùfú] 동사 축복하다
- 旅途 [lǚtú] 명사 여정

페이의 한마디

所有的分手都是伤心的。

아프지 않은 이별은 없다.

페이의 노련하고 다채로운 지침서

今天算算这分手费。
[jīntiān suànsuàn zhè fēnshǒufèi]

▶ **동사의 중첩** : ❶ 일반적으로 동작이 곧 진행되거나 진행 시간이 비교적 짧을 때 활용
　　　　　　　　❷ 본인이 무엇을 좀 해보려 한다거나 타인에게 무엇을 청할 때 사용
　　　　　　　　❸ 빈번하게 하는 일을 '가볍게(스트레스 없이)'함을 표현할 때 활용

예문 1　我们进房间<u>坐坐</u>，吃点拉面再走吧.　　우리 방에서 잠깐 라면 한 그릇 먹고 가자.
　　　　→ 坐坐 : 잠깐 앉아 있다 가자는 의미 (1음절 동사이므로 坐一坐로 대체 가능)

예문 2　哥~我穿了裙子，你<u>看看</u>！　　　　　오빠 나 치마 입었어. 나 봐줘!
　　　　→ 看看 : 타인에게 봐 줄 것을 가볍게 청함 (1음절 동사이므로 看一看으로 대체 가능)
　　　　我也很喜欢羊肉串，我来<u>尝尝</u>.　　　저도 양꼬치 참 좋아하는데요, 제가 한 번 먹어보겠습니다.
　　　　→ 尝尝 : 본인이 가볍게 맛을 보겠다는 의미 (1음절 동사이므로 尝一尝으로 대체 가능)

예문 3　你可以<u>看看</u>书，<u>听听</u>音乐，<u>休息休息</u>.　년 책도 보고 음악도 듣고 쉬어도 돼.
　　　　→ 看看, 听听, 休息休息 늘상 하는 일을 가볍게, 편하게 한다는 의미 (休息一休息로는 사용불가)

나쁜 예　整天忙着工作，回家又要看看书（X）　하루 종일 회사에서 일하고 들어와서 또 책을 봐야 해!
　　　　→ 가볍고 스트레스 없는 상황이 아니므로 看을 중첩하지 않아야 함.
　　　　整天忙着工作，回家又要看书가 옳은 문장

也不是原来的心情。
[yě bú shì yuánlái de xīnqíng]

▶ **原来**[yuánlái] VS **本来**[běnlái] : 같은 예와 다른 예

原来, 本来 모두 가능
　　我本来(原来)不这么胖.　　　　　　난 원래 이렇게 뚱뚱하진 않았어.
　　这里还是原来(本来)的样子.　　　　여긴 여전히 원래 모습 그대로야.
　　她本来(原来)很漂亮的. 不是整容的.　쟤는 원래 예뻤어. 성형한 게 아니야.
　　→ 本来, 原来 모두 변화하기 이전의 상황을 묘사할 수 있음.

本来만 가능
　　当天的作业<u>本来</u>就要当天做完.　　　그날 숙제는 원래 그날 다 해야 되는 거야!
　　这种事情我很熟悉，<u>本来</u>就要这样做的！이런 일은 내가 잘 알아. 원래 이렇게 해야 되는 거야!
　　→ 도리, 이치에 의해 마땅히 이렇게 해야 한다는 의미

原来만 가능
　　<u>原来</u>不是他的错，是我误会的.　　　원래 그의 잘못이 아니었는데 내가 오해 했다.
　　<u>原来</u>你也是老师，我以为你是个学生.　원래 당신도 선생님이었군요. 전 학생인 줄 알았어요.
　　→ 사건의 진실을 파악했을 때 原来를 활용 (그랬구나~)

페이의 소중한 댓글, 통쾌한 답변

[흑호백호-(남)]
姐姐，我终于找到工作了！
干了一个星期，看来这份工作真合适我~
누나, 저 드디어 취업했어요! 일주일 일했는데 보니까 저랑 진짜 잘 맞아요.

[페이]
恭喜恭喜！ 为你骄傲！ 축하해요, 자랑스러워요~
그런데~ 合适은 '형용사'라서 이때는 适合(동사)를 써야 해요.
방법1 这份工作真适合我。
(동사는 목적어를 취할 수 있으니까 ^^)
방법2 这份工作跟我合适。
(목적어 없이 형용사 合适사용)

[션지아이-(여)]
你觉得分手后可以做朋友吗？ 我觉得不可以。
페이님은 헤어진 후에 친구가 될 수 있다고 생각하세요? 전 아닌 것 같아요.

[페이]
我也这么想， 绝对不能默默地祝福前男友。
저도 님이랑 생각이 같아요. 절대 남몰래 축복해 줄 수 없어…

看来， 我们俩还不懂事啦。
我们还是继续幼稚下去吧。
보아하니 우리 둘은 아직 철이 덜 든 모양이에요.
그냥 쭉 이렇게 유치하게 살자고요. ^_^

[션지아이-(여)]
我在《那些年》那部电影里看到非常精彩的台词：
"恋爱最美好的时候就是暧昧的时候！"
我们这样太自私吗？
제가 〈그시절〉이란 영화에서 진짜 멋진 대사를 봤는데요 :
연애에 있어 가장 아름다운 때는 사귀기 전 애매한 감정이 있을 때래요.
우리 이러는 건 너무 이기적인가요?

재미 07
그대들도 외롭나요?

너무 오랫동안 외로웠던 당신을 위한 문장

모두 각자의 공간에서 각자의 삶을 살고 있는 우리에게 한 가지 공통점이 있다면 저마다 외로움을 느끼고 있다는 것 아닐까요? 제가 처음 1인 미디어를 통해 방송을 하기로 결정한 것도 이렇게 재미있는 중국어를 외롭지 않게 공부하기 위해서였어요. 중국어 공부 만큼은 저랑 같이 외롭지 않게 하셨으면 해요. 힘을 내요, 슈퍼 파워~

재미 (10)
- 한 글자로 말해요
- 치킨 명언 번역하기
- 숫자로 배우는 사자성어
- 다이어트는 내일부터
- 공신 vs 깡통
- 우리 헤어져!
- **그대들도 외롭나요?**
- 달콤 살벌 연애
- 신조어 & 유행어
- 박명수 어록

공감 (10)

감동 (10)

C-POP (2)
- 차도 없고 집도 없네
- 사랑한다면 안아주세요

① 一点儿也不孤单!
하나도 안 외로워!

② 我长久以来太孤单了。
난 너무 오랫동안 많이 외로웠어.
(드라마 '별에서 온 그대' 천송이 대사 中)

③ 一个人走回家的路，一个人玩手机，一个人玩，一个人听着音乐发呆，慢慢地习惯了。
혼자서 집으로 돌아가는 길 혼자 휴대폰을 하고 혼자 놀고, 혼자 음악 듣다 멍 때리고 그렇게 조금씩 혼자인 것에 익숙해져 간다.

❹ 越长大，越孤单。

나이가 들수록 외로운 걸.

❺ 生日那天，
只有QQ系统提示祝我生日快乐。

생일에 QQ 시스템 문자만이 내 생일을 축하해 준다.

(QQ : 중국의 대표 메신저)

❻ 今夜不寂寞。
浪漫瞬间，感受极度心跳。

오늘 밤은 외롭지 않아요.
로맨틱한 순간 숨 막히는 심장박동을 느껴 보세요.

(실제 중국 전단 광고 문구)

단어

└ 一点儿 [yìdiǎnr]
  양사 조금, 약간

└ 孤单 [gūdān]
  형용사 외롭다, 고독하다

└ 长久 [chángjiǔ]
  형용사 매우 길고 오래되다

└ 回家 [huíjiā]
  동사 귀가하다

└ 手机 [shǒujī]
  명사 휴대폰

└ 发呆 [fādāi]
  동사 얼이 빠지다

└ 慢慢 [mànman]
  형용사 천천히

└ 习惯 [xíguàn]
  명사 버릇, 습관

└ 越~越~ [yuè~yuè~]
  ~할수록 ~하다

└ 长大 [zhǎngdà]
  동사 성장하다, 자라다

└ 系统 [xìtǒng]
  명사 시스템

└ 提示 [tíshì]
  동사 알려주다

└ 寂寞 [jìmò]
  형용사 적막하다

└ 浪漫 [làngmàn]
  형용사 낭만적이다

└ 瞬间 [shùnjiān]
  명사 순간

└ 感受 [gǎnshòu]
  동사 느끼다

└ 极度 [jídù]
  명사 최고도, 극도

└ 心跳 [xīntiào]
  동사 심장이 뛰다

단어 ▼

└ 无所谓 [wúsuǒwèi]
　낮은말 상관 없다

└ 懂 [dǒng]
　동사 이해하다

└ 透 [tòu]
　동사 나타나다

└ 变成 [biànchéng]
　동사 ~(으)로 변하다

└ 世界 [shìjiè]
　명사 세상

└ 孤儿 [gū'ér]
　명사 고아(외톨이)

└ 需要 [xūyào]
　동사 필요하다

└ 爱情 [àiqíng]
　명사 애정

└ 温暖 [wēnnuǎn]
　형용사 따뜻하다

└ 怕 [pà]
　동사 두려워하다

└ 因为 [yīnwèi]
　접속사 왜냐하면

└ 一直 [yìzhí]
　부사 계속, 줄곧

└ 一个人 [yígèrén]
　한 사람

외로움에 익숙해진 우리들에게 전하는 메시지

넘어진 꼬마는 주변을 살펴보다 옆에 사람이 있으면 울음을 터뜨리지만 아무도 없을 땐 의연하게 일어나 먼지를 툭툭 털어내기도 합니다. 그렇게 혼자 가는 힘을 배우는 거죠. 그래서 '외로움'이라는 콘텐츠를 '재미' 카테고리에 넣었어요. 가끔은 외로움을 즐길 필요도 있을 것 같아서요.

7 孤单的人，总说无所谓。
　외로운 이들은 늘 괜찮다고 말한다.

8 懂得太多，看得太透，
　你就会变成世界的孤儿。
　너무 많이 알고 너무 자세히 보면 세상에서 혼자가 될 거야.

9 孤单的人不需要爱情，只需要温暖。
　외로운 이들에겐 사랑이 필요한 게 아니에요. 다만 온기가 필요한 거죠.

10 我不怕孤单。因为我一直都是一个人。
　외로움은 두렵지 않다. 난 줄곧 혼자였으니까.

⑪ 孤单，是你心里没有人。
　　寂寞，是你心里有人却不在身边。

고독은 마음 속에 아무도 없는 것.
쓸쓸함은 마음 속의 그가 내 옆에 없는 것.

⑫ 懂我的人，不需要解释。
　　不懂我的人，又何必解释。寂寞！

날 이해하는 이들에겐 설명이 필요 없고,
날 이해 못 해주는 이들에겐 설명할 필요가 없네. 외롭다!

⑬ 当朋友忽略你时，不要伤心，每个人都有自己的生活，谁都不可能一直陪你。

친구가 당신에게 소홀할 때에도 서운해 말아요. 모두에겐 각자의 삶이 있기에 누구도 언제나 당신 옆에만 머무를 수는 없어요.

단어

- 却 [què]
  오히려
- 身边 [shēnbiān]
  명사 곁
- 寂寞 [jìmò]
  형용사 쓸쓸하다. 적막하다
- 解释 [jiěshì]
  동사 설명하다
- 何必 [hébì]
  부사 ～할 필요가 없다
- 忽略 [hūlüè]
  동사 소홀히 하다
- 伤心 [shāngxīn]
  동사 상심하다
- 自己 [zìjǐ]
  대명사 자신, 스스로
- 生活 [shēnghuó]
  명사 생활
- 陪 [péi]
  동사 동반하다

페이의 한마디

我长久以来太孤单了。

난 너무 오랫동안 많이 외로웠어.

페이의 노련하고 다채로운 지침서

一点儿也不孤单!
[yìdiǎnr yě bù gūdān]

▶**一点儿의 용법** : ❶ 완곡한 명령
　　　　　　　　❷ 적은 양
　　　　　　　　❸ 강조

완곡한 명령	亲爱的, 你慢(一)点儿!	자기야, 천천히 좀!
	老师来了, 大家安静(一)点儿!	선생님 오셨어, 다들 조용히 좀!
	→ 형용사 + (一)点儿 : '~좀 ~해줘'라는 어감의 부드러운 명령	

적은 양	饭桌上有(一)点儿水。	식탁 위에 물이 조금 있어.
	妈妈, 给一点儿钱。	엄마, 돈 좀 주세요.
	→ 동사 + (一)点儿 : 적은 양을 나타냄	

강조	她一点儿也不爱我。	그녀는 날 조금도 사랑하지 않아.
	今天一点儿也不高兴。	오늘 조금도 기쁘지 않아.
	→ 也와 호응하여 적은 양을 강조 (눈꼽만큼 정도의 느낌)	

有点儿과 비교	现在有点儿累, 一会儿再说吧。	지금 좀 피곤해, 나중에 얘기하자.
	我有点儿发烧, 要休息。	나 좀 열이 나, 쉬어야겠어.
	→ 有点儿은 형용사 또는 동사 앞에 위치하여 불평·불만을 나타냄.	
	즉, 有点儿과 一点儿은 품사·문장 속 위치·용법이 모두 다름	

不懂我的人, 又何必解释。
[bù dǒng wǒ de rén, yòu hébì jiě shì]

▶**又의 용법** : ❶ 또, 다시
　　　　　　　❷ 동작이 여러 차례 반복됨
　　　　　　　❸ 반어문의 강조

또, 다시	你又喝酒了!	너 또 술 마셨냐!
	他怎么又上厕所了?	그는 어째서 또 화장실에 갔어?
	→ 了와 호응하여 이미 완료된 동작에 대한 반복을 나타냄	

~하고 또 하고	看了又看, 吃了又吃。	보고 또 보고, 먹고 또 먹고
	喝了一杯又一杯。	마시고 또 마시고
	→ 又 앞뒤로 동일 동사 배치. 해당 동작을 여러 번 반복 했음을 나타냄	

반어문 강조	你又不是新人, 怎么那么傻里傻气啊!	신입도 아닌데, 어쩜 그렇게 맹하냐?
	我又没叫他, 他怎么来的呢?	내가 부르지도 않았는데 쟤 왜 왔지?
	→ 부정 반어문의 어기 강조	
	*傻里傻气[shǎlishǎqì] 어벙하다, 맹하다, 멍청하다	

페이의 소중한 댓글, 통쾌한 답변

[初级者-(남)]
我听说今天你一点儿难过，不要伤心！有我们呢！
오늘 좀 속상했다면서요? 속상해 하지 마요, 우리가 있잖아요~

[페이]
最近专门做出恶意留言人特别多。
我有点儿灰心~
요즘 악플러들이 너무 많아서 제가 좀 의기소침 해졌어요.

그런데... 이런 불평 불만은 一点儿말고 有点儿이 담당해요. 有点儿
难过로 수정 고고~

[세티스정-(남)]
你又不能整天看着博客，
那些恶性留言不要放在心上。好吗?
하루 종일 블로그만 들여다 볼 수도 없고
그런 악플들 맘에 담아 두지 마요. Ok?

[페이]
谢谢你，我的闷骚男。 고마워요. 츤데레 세티스정 님~
* 闷骚男 [mēnsāonán] 까칠한 듯 하지만 은근히 잘 챙겨주는 유형

[악플계의 놀부-(남)]
你不是说世上没有十全十美的选择吗?
别在乎那些人的胡说。你要相信支持你的人更多，
坚持下去吧。我们的钢铁Pei。
완전한 선택은 없다고 본인이 말하지 않았나?
그 사람들 괜한 소리에 마음 쓰지 말고 님을 응원하는 사람이 더 많다는 것을 믿어요.
그리고 계속 전진! 우리들의 강철 페이!

[페이]
听你们的！我自己人，爱你们。
여러분 말씀 들을게요. 내 사람들 사랑해요~

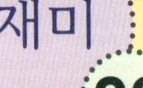

달콤 살벌 연애

08

오글오글 달콤한 중국어 작업 멘트

연애를 하기 위해서 중요한 것은 뭘까요? 외모? 돈? 물론 어느 정도 필요하긴 하지만 많은 여자가 재미있는 남자, 입담이 좋은 남자에게 호감을 느낍니다. 아무튼 솔로인 여러분을 위해서 준비했습니다. 오글오글 김치 생각나는 중국어 작업 멘트!

재미 (10)

- 한 글자로 말해요
- 치킨 명언 번역하기
- 숫자로 배우는 사자성어
- 다이어트는 내일부터
- 공신 vs 깡통
- 우리 헤어져!
- 그대들도 외롭나요?
- **달콤 살벌 연애**
- 신조어 & 유행어
- 박명수 어록

공감 (10)

감동 (10)

C-POP (2)

- 차도 없고 집도 없네
- 사랑한다면 안아주세요

① 你看上去好眼熟啊。

우리 어디서 본 적 있지 않아요? (낯이 익어요.)

② 要不要帮你看一下手相？

손금 봐 드릴까요?

③ 我的眼里都是你，
所以我的世界很小。

내 눈엔 너 뿐이라, 내 세상은 너무 작아.

194 Chapter #3 재미

❹ 如果爱你是错，我不愿对！

만약 내 사랑이 오답이라면, 난 정답 따위 바라지 않아!

❺ 我不能给你全世界，但我的世界，全部给你。

난 네게 세상을 줄 수는 없지만, 내 세상의 전부를 너에게 줄게.

❻ 我只想爱你两天，有你的那天，没你的那天。

난 널 이틀만 사랑할래. 네가 있는 날, 그리고 네가 없는 날.

❼ 你是我疲惫生活中最温柔的梦想。

넌 내 힘든 삶 속 가장 따뜻한 꿈이야.

단어

- **看上去** [kànshàngqù]
  동사 보아하니

- **眼熟** [yǎnshú]
  형용사 낯익다

- **手相** [shǒuxiàng]
  명사 손금

- **眼里** [yǎnlǐ]
  명사 눈 속, 마음(속)

- **所以** [suǒyǐ]
  접속사 그래서

- **如果** [rúguǒ]
  접속사 만약, 만일

- **错** [cuò]
  동사 틀리다

- **愿** [yuàn]
  동사 바라다

- **全部** [quánbù]
  명사 전부, 전체

- **疲惫** [píbèi]
  형용사 피곤하다

- **生活** [shēnghuó]
  명사 생활

- **温柔** [wēnróu]
  형용사 따뜻하다

- **梦想** [mèngxiǎng]
  명사 꿈

🔊 03-08-02

단어 ▼

└ 唱反调 [chàngfǎndiào]
태클을 걸다

└ 反调 [fǎndiào]
명사 반대 논조

└ 挑毛病 [tiāomáobìng]
동사 흠을 잡다

└ 碰 [pèng]
동사 건드리다

└ 管 [guǎn]
동사 관리하다

└ 自己 [zìjǐ]
대명사 자기, 자신

└ 孩子气 [háiziqì]
명사 어리광

살벌한 사랑싸움 단골 멘트

'인생은 멀리서 보면 희극이고 가까이서 보면 비극이다.'라는 말이 있죠? 여러분은 솔로라서 잘 모르시겠지만 연애가 늘 달콤하기만 한 것은 아닙니다. 때로는 살벌한 연애를 위해 사랑 싸움의 단골 멘트들을 모아 봤습니다.

❶ 你怎么老唱反调！

왜 자꾸 태클을 거는 거야!

❷ 不要挑毛病，今天别碰我。

꼬투리 잡지 마, 오늘 나 건들지 마!

❸ 别管我，你管好自己！

신경 끄고, 너나 잘해!

❹ 别孩子气！

애처럼 굴지 마!

⑤ 你收回刚才的话！

너 방금 그 말 취소해!

⑥ 你的脸皮比城墙还厚呢！

너 진짜 뻔뻔하다!

⑦ 你故意搞暧昧吗？

不要跟我玩欲擒故纵！

너 나 간보는 거야? 나 가지고 밀당하지 마!

단어
收回 [shōuhuí] 동사 회수하다, 취소하다
刚才 [gāngcái] 명사 지금 막, 방금
脸皮 [liǎnpí] 명사 얼굴 피부
比 [bǐ] ~보다
城墙 [chéngqiáng] 명사 성벽
厚 [hòu] 형용사 두껍다
故意 [gùyì] 부사 일부러
搞暧昧 [gǎoàimèi] 동사 썸을 타다
欲擒故纵 [yùqíngùzòng] 성어 더 큰 것을 잡기 위해 일부러 놓아주다 비유 밀당하다

페이의 한마디

我的眼里都是你，所以我的世界很小。
[wǒde yǎnlǐ dōushì nǐ, suǒyǐ wǒde shìjiè hěn xiǎo]
내 눈엔 너 뿐이라, 내 세상은 너무 작아.

페이의 노련하고 다채로운 지침서

你收回刚才的话！
[nǐ shōuhuí gāngcái de huà]

▶ **刚才 VS 刚** : 시간명사 刚才(방금) VS 부사 刚(막)

명사 刚才	刚才你说什么了？	방금 너 뭐라고 했어? (了와 호응 가능)
	刚才的她真漂亮。	방금 쟤 진짜 예뻐. (刚才的+명사의 형태로 활용 가능)
	你怎么刚才不走呢？	너 어째서 방금 안 갔니? (부정형에 활용 가능)
나쁜 예	我刚才来的时候，什么都不懂(X)	내가 방금 왔을 때 아무것도 몰랐다. (오래된 일 서술 불가)
부사 刚	她刚走，你快去看看吧。	그녀가 막 떠났어. 얼른 가봐. (막, 방금 전의 의미)
	我刚来的时候，什么都不懂。	내가 막 왔을 때 아무것도 몰랐다. (오래된 일 서술에 적합)
나쁜 예	我也刚来了，不要说对不起 (X)	나도 막 왔어. 미안해 하지 마. (了와 호응 불가)
	你怎么刚不走呢(X)	너 어째서 막 안 갔니? (부정형에 활용 불가. 刚才는 부정형 가능)

그럼에도 불구하고, 그(그녀) 뿐인 당신을 위한 감동 글 : 세 글자의 사랑

他向她求婚时，只说了三个字：相信我。
她为他生下第一个女儿时，他对她说：辛苦了。
女儿结婚的那天，他看着她说：还有我。
他收到她病危通知那天，重复地说：我在这。
她要走的时候，他吻着她的额头轻声说：你等我。
这一生，他没有说过一次我爱你，
但爱，没有离开过。

그의 프로포즈는 단 세 글자였다. "날 믿어!"
그녀가 그를 위해 첫 딸을 낳았을 때, 그는 그저 이렇게 말했다. "수고했어."
딸이 결혼을 하던 날, 그는 그녀를 보며 말했다. "내가 있잖아…"
그녀의 병이 위독하다는 것을 알았을 때, 그는 반복하여 말했다. "나 여기 있어…"
그녀의 죽음 앞에서 그는 그녀의 이마에 입 맞추고 속삭였다. "기다려줘."
일생 동안 그는 그녀에게 단 한 번도 "사랑해."라고 말하지는 않았지만
그러나 사랑은… 단 한 번도 그를 떠난 적이 없었다.

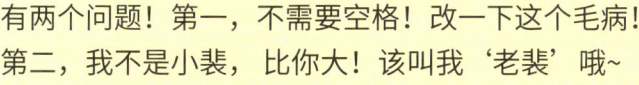

[수염광-(남)]

别。错过。小裴的。直播。她的。直播。
真有意思~

페이님의 생방송을 놓치지 마세요. 그녀의 방송은 정말 재미있어요~

[페이]

有两个问题！第一，不需要空格！改一下这个毛病！
第二，我不是小裴，比你大！该叫我'老裴'哦~

두 가지 문제점! 첫째, 띄어쓰기 하지 말기! 이 습관 교정 요망. ^^
둘째, 내가 누나임! '라오페이'라고 부를 것!

[스티브림-(남)]

我刚才看Pei直播的时候，我的汉语就不怎么样。现在有了进步，
所以我在准备HSK6级！
我相信我自己！

내가 막 Pei 방송을 볼 때 내 중국어는 보잘 것 없었다.
지금은 많이 발전하여 HSK 6급을 준비 중이다. 난 날 믿는다!

[페이]

刚才가 아니라 刚！刚才는 정말 딱 방금 전 일을 이야기할 때 써요. ^^
不要太相信自己！ 스스로를 너무 믿지는 말아요.
刚才想起来一个词汇，自恋者 [zìliànzhě]。

방금 단어 하나가 생각났어요. 나르시스트!

[즈시엔-(남)]

还没加入粉丝的那些朋友们，不要玩暧昧！
也不要玩欲擒故纵！拜托你们，点赞，收藏！
还有来加入粉丝吧~ 我在等着呢~

아직 팬가입 안 하신 분들, 밀당 & 간보기 그만~ 부탁드립니다. 추천, 즐찾!
그리고 팬가입도요. 기다리고 있을게요~

재미 09

신조어 & 유행어

한국 유행어 중국어로 번역하기 1

인터넷을 이용하다 보면 정말 많은 신조어와 유행어를 접하는 경우가 있는데요, 우리도 어려운 한국 유행어! 중국인들은 어떻게 이야기하는지 알아볼까요?

재미 (10)
- 한 글자로 말해요
- 치킨 명언 번역하기
- 숫자로 배우는 사자성어
- 다이어트는 내일부터
- 공신 vs 깡통
- 우리 헤어져!
- 그대들도 외롭나요?
- 달콤 살벌 연애
- **신조어 & 유행어**
- 박명수 어록

공감 (10)

감동 (10)

C-POP (2)
- 차도 없고 집도 없네
- 사랑한다면 안아주세요

真的
[zhēnde]
레알

❶ 这件衣服真的是给我的吗？

이 옷 레알 나한테 주는거야?

* 스페인어 real을 원 발음과 똑같이 읽은 것으로 시작. '정말로, 진짜로' 같은 부사로 쓰이거나 '진짜, 정말!'과 같이 감탄사로 쓰임

多余
[duōyú]
잉여

❷ 可以用电脑，干吗用手做呢？
  真的多余啊！

컴퓨터로 하면 될 것을 손으로 하다니, 레알 잉여 쩌는구나!

* 사전적 의미는 '쓰고 남은 것'이라는 뜻. (잉여 인간 = 남는 인간)

胡说
[húshuō]
드립

3 昨天在聊天室，因为胡说就被踢了。

어제 채팅방에서 드립치다가 강퇴 당했어.

* 애드리브라는 단어를 격하해서 쓰는 단어

完全珍贵
[wánquánzhēnguì]
완소

4 完珍男就是"完全珍贵的男人"，娱乐节目里出现频率比较高。

완소남은 '완전 소중한 남자'의 의미로, 오락 프로그램(예능)에서 자주 출현한다.

* '완전 소중한'의 줄임말. 완소남, 완소녀 등으로 응용

个人收藏
[gèrénshōucáng]
갠소

5 你们有想要个人收藏的东西吗？

여러분은 갠소하고 싶은 물건이 있나요?

* 개인 소장의 의미

단어

- 件 [jiàn]
  양사 옷을 세는 단위
- 真的 [zhēnde]
  정말로
- 干吗 [gànmá]
  구어 왜, 어째서
- 多余 [duōyú]
  형용사 쓸데없는
- 胡说 [húshuō]
  명사 허튼소리
- 聊天室 [liáotiānshì]
  명사 채팅방
- 被 [bèi]
  ~에게 ~당하다(피동)
- 踢 [tī]
  동사 차다
- 完全 [wánquán]
  부사 완전히
- 珍贵 [zhēnguì]
  형용사 진귀하다
- 娱乐 [yúlè]
  명사 오락
- 节目 [jiémù]
  명사 프로그램
- 出现 [chūxiàn]
  동사 출현하다
- 频率 [pínlǜ]
  명사 빈도(수)
- 收藏 [shōucáng]
  동사 소장하다

단어

└ 直肠子 [zhíchángzi]
　명사 솔직한 사람

└ 肚里 [dùli]
　명사 뱃속, 내심

└ 存 [cún]
　명사 모으다

└ 话 [huà]
　명사 말

└ 制作 [zhìzuò]
　동사 제작하다

└ 感谢 [gǎnxiè]
　명사 감사하다

└ 图片 [túpiàn]
　명사 사진, 그림

└ 动图 [dòngtú]
　명사 움직이는 사진

└ 主播 [zhǔbō]
　명사 인터넷 자키

└ 越~越 [yuè~yuè]
　~할수록 ~하다

└ 魅力 [mèilì]
　명사 매력

└ 类型 [lèixíng]
　명사 유형, 스타일

한국 유행어 중국어로 번역하기 2

우리말 유행어를 중국어로 번역해서 그대로 쓰면 되니까 많이 어렵지는 않죠? 나머지 유행어도 중국어로 재미있게 활용해 보세요.

直肠子
[zhíchángzi]
돌직구

6 她是个直肠子，肚里不存话。

그녀는 돌직구라 말을 담아두지 않는다.

* 생각하는 바를 숨김없이, 거침없이 말하는 것

图片&动图
[túpiàn&dòngtú]
짤&움짤

7 非常感谢您制作的那些动图。

만들어 주신 움짤 정말 감사합니다.

* 게시물이 삭제되지 않도록 함께 첨부하는 이미지, 게시물의 '짤림 방지'의 줄임말에서 시작됨
* '움짤'은 움직이는 짤림 방지용 이미지를 말함

越看越魅力
[yuèkànyuèmèilì]
볼매

8 这位女主播是越看越魅力的类型。

이 BJ 볼매 스타일이네.

* '볼수록 매력 있다'의 의미

~到爆
[dàobào]
~ 돋네

9-1 不看就后悔，帅到爆！

안 보면 후회, 잘생김 돋음.

* '소름이 돋는다'라는 표현에서 시작됨

9-2 用心到爆。

정말 열심 돋네.

단어

└ 后悔 [hòuhuǐ]
  동사 후회하다

└ 帅 [shuài]
  형용사 잘생기다

└ 用心 [yòngxīn]
  형용사 열심히 하다

└ 有意思 [yǒuyìsi]
  형용사 재미있다

超有意思
[chāoyǒuyìsi]
꿀잼

10 这本书超有意思。

이 책 진짜 꿀잼이다.

* '정말 재미있다'의 의미

페이의 한마디

这本书超有意思。
[zhè běn shū chāo yǒuyìsi]
이 책 진짜 꿀잼이다.

페이의 노련하고 다채로운 지침서

2015년 중국 유행어 top 5

❶ **Duang~** (짠~, 따란~, 짜잔과 유사한 느낌의 특수 효과음)
  – 배우 성룡의 과거 CF속 Duang~이 네티즌 사이에 다시 회자되며 최고의 유행어로 등극
  – 현재 중국 포털 사이트 '바이두'에 duang을 검색하면 화면이 흔들리는 효과가 있을 정도

❷ **世界那么大，我想去看看！** (세상이 그렇게 넓다는데, 제가 한 번 가보죠.)
  – 어느 직장인의 패기 넘치는 사직서가 네티즌의 공감과 사랑을 받음
  – 많은 패러디가 생겨나고 '사직서 백일장'이 열리기도 함

❸ **吓死宝宝了。** (애기 놀래쪄염.)
  – 성인 여성이 귀여운 척을 위해 자신을 **宝宝**(baby)로 3인칭화 하여 사용
  – **吓死我了**[xiàsǐwǒle] '깜짝이야'가 기본 표현

❹ **主要看气质。** (중요한 건 자질이죠.)
  – 대만의 인기가수 '왕심릉(王心凌)'이 조금 우스꽝스러운 모습으로 앨범 재킷 사진을 발표
  – 네티즌들이 재킷 사진을 평가하고 비웃자 왕심릉 "**主要看气质**"이라는 말로 대꾸

❺ **We are 伐木累。** (우리는 뿨밀뤼~)
  – 중화권 최고 시청률을 자랑하는 중국판 런닝맨의 출연자로부터 시작됨
  – **伐木累**[fámùlèi]는 family의 중국어 버전

* 상단 QR코드를 통해 더 많은 대륙의 유행어들을 만나 볼 수 있습니다.

페이의 소중한 댓글, 통쾌한 답변

[박선생님-(남)]

你喜欢我制作的动图吗？喜欢的话,
就个人收藏吧！ 哈哈！ 网络流行语超有意思啊~
제가 만든 움짤 마음에 드세요? 좋으면… 갠소하세요~
인터넷 유행어 꿀잼입니다.

[페이]

您的动图真的越看越魅力。 박쌤 움짤은 레알 볼매~
你是我的完珍粉丝呀~ 당신은 나의 완소팬~

[양꽁치-(남)]

虽然我有了个人事情长时间没来看的,
不过你的课还是很有气质。
비록 제가 개인 사정으로 방송에 오래 못 왔지만, 페이님 수업은 여전히 멋져요.

不管在哪里，不管怎么样我都为你祝福！！
어디에 있든, 어떻든, 당신을 축복합니다!

[페이]

Duang~ 吓死宝宝了~ 뚜왕~ 저 놀래쪄염~ ^^
没想到你的中文水平这么好！
이렇게 중국어 잘 하실 줄은…!

我也永远支持你。 저도 언제까지나 응원합니다.

[주혁정후파파-(남)]

양꽁치님, 帅到爆！ 정말 멋지십니다!
还有裴队长，不要忘记,
我们是伐木累~！ 最坚实的伐木累！
그리고 대장님 잊지 마십시오. 우리는 family라는 거!
제일 단단한 가족!

Unit 09 신조어&유행어 **205**

재미 10
박명수 어록

03-10-01

재미 (10)
- 한 글자로 말해요
- 치킨 명언 번역하기
- 숫자로 배우는 사자성어
- 다이어트는 내일부터
- 공신 vs 깡통
- 우리 헤어져!
- 그대들도 외롭나요?
- 달콤 살벌 연애
- 신조어 & 유행어
- **박명수 어록**

공감 (10)

감동 (10)

C-POP (2)
- 차도 없고 집도 없네
- 사랑한다면 안아주세요

박명수 어록으로 공부하는 중국어

요즘 많은 매체를 통해 많은 분들의 어록이 삶에 귀감이 되곤 하는데요, 저는 여러 가지 어록 중 개그맨 박명수 씨의 현실감 있는 어록들을 좋아해요. 재미와 공감, 그리고 중국어 꿀 표현까지 듬뿍 챙겨가세요.

❶ 开始不是成功的一半，开始只是开始。

시작은 반이 아니다. 시작일 뿐이다.

❷ 早起的鸟先累死。

일찍 일어나는 새가 피곤하다.

❸ 辛苦后得病。

고생 끝에 골병 난다.

❹ 如果不能享受，那就避免吧。

즐길 수 없다면 피해라.

206 Chapter #3 재미

⑤ 用现金表示谢意。

감사의 표현은 돈으로 해라.

⑥ 感到晚了，就太晚了。

늦었다고 생각할 때가 정말 늦었을 때다.

⑦ 忍住三次，被当成傻瓜。

세 번 참으면 호구된다.

⑧ 冤家在公司碰到。

원수는 회사에서 만난다.

⑨ 积少干吗？

티끌 모아 티끌?

*干吗 [gànmá] 무엇하는가

⑩ 不行？那就算了。

안 되면 말고.

*算了 [suànle] 됐어, 필요 없어!

단어

└ **开始** [kāishǐ]
　명사 시작, 처음

└ **成功** [chénggōng]
　명사 성공

└ **只是** [zhǐshì]
　부사 단지, 다만

└ **鸟** [niǎo]
　명사 새

└ **得病** [débìng]
　동사 병에 걸리다

└ **享受** [xiǎngshòu]
　동사 즐기다, 누리다

└ **避免** [bìmiǎn]
　동사 피하다

└ **现金** [xiànjīn]
　명사 현금

└ **表示** [biǎoshì]
　동사 나타내다, 표시하다

└ **谢意** [xièyì]
　명사 감사의 뜻

└ **忍住** [rěnzhù]
　동사 꾹 참다

└ **当成** [dàngchéng]
　동사 ~(으)로 여기다

└ **傻瓜** [shǎguā]
　명사 바보, 멍청이

└ **冤家** [yuānjia]
　명사 원수, 적

└ **碰到** [pèngdào]
　동사 만나다

└ **积** [jī]
　동사 (조금씩) 모으다

단어

└ 一半 [yíbàn]
명사 반, 절반

└ 虫 [chóng]
명사 곤충, 벌레

└ 辛苦 [xīnkǔ]
형용사 고생스럽다

└ 收获 [shōuhuò]
명사 수확, 성과

└ 更 [gèng]
부사 더욱, 더

└ 味道 [wèidao]
명사 맛, 기분, 느낌

└ 苦尽甘来 [kǔjìngānlái]
성어 고진감래

└ 真诚 [zhēnchéng]
형용사 진실하다

진짜 명언 & 생생 속담

박명수 씨의 어록 재미있었나요? 어떤 말에 가장 공감하셨는지 궁금하네요. 지금까지 보셨던 어록은 박명수 씨 개인의 어록인데 이것들만 공부하면 뭔가 허전할 것 같아서 실제 활용되는 표현들도 함께 소개 드립니다. 진짜는 지금부터~

1 好的开始是成功的一半。

시작이 반이다.

2 早起的鸟有虫吃。

일찍 일어나는 새가 벌레를 잡는다.

3 辛苦后的收获更有味道。(苦尽甘来)

고생 끝에 낙이 온다. (고진감래)

4 如果不能避免，那就享受吧。

피할 수 없다면 즐겨라.

5 用心表示真诚的谢意。

마음을 다하여 감사의 뜻을 전하라.

6 感到晚了的时候,

其实是最快的时候。

늦었다고 생각할 때가 사실은 가장 이른 때다.

7 忍耐是一种美德。

인내는 곧 미덕이다.

8 冤家路窄。

원수는 외나무다리에서 만난다.

9 积少成多。

티끌 모아 태산.

단어

└ 感到 [gǎndào]
동사 느끼다

└ 其实 [qíshí]
부사 사실

└ 最 [zuì]
부사 가장, 제일

└ 忍耐 [rěnnài]
동사 인내하다, 참다

└ 一种 [yìzhǒng]
한가지

└ 美德 [měidé]
명사 미덕

└ 窄 [zhǎi]
동사 좁다, 협소하다

└ 冤家路窄
[yuānjiālùzhǎi]
성어 원수는 외나무다리에서 만난다

└ 积少成多
[jīshǎochéngduō]
성어 티끌 모아 태산

페이의 한마디

冤家在公司碰到。
[yuānjia zài Gōngsī pèngdào]
원수는 회사에서 만난다.

페이의 노련하고 다채로운 지침서

BJ PEI 선정 최고의 어록

❶ 预测未来的最好的办法就是把它创造出来。

　　미래를 예측하는 가장 좋은 방법은 스스로 그 미래를 만드는 것이다.

❷ 人生没有什么过不去，只有回不去。

　　인생에 건너지 못할 길은 없다. 다만 돌아갈 수 없을 뿐.

❸ 这个世界没有做不到的事，只有坚持不了的人。

　　이 세상에 해낼 수 없는 일은 없다. 포기하는 자가 있을 뿐.

❹ 重要的不是所站在的位置，而是所朝的方向。

　　중요한 것은 어디에 서 있느냐가 아니라 어디를 보고 있느냐이다.

❺ 不是看到了希望才去坚持，

　　而是因为坚持了才会看到希望。

　　희망을 보았기에 꾸준히 하는 것이 아니라 꾸준히 했기에 희망과 만나게 되는 것.

❻ 没有到不了的明天。

　　어떻게든 내일은 온다.

〈보너스 어록 : 가장 BJ PEI다운 글귀〉

今天累了，不要难过，明天会更累的！

오늘 힘들었다고 슬퍼하지 마세요. 내일은 더 힘들 거예요.

페이의 소중한 댓글, 통쾌한 답변

[푸링-(여)]

我也要说一句，나도 한 마디만.
一种选择就是一种代价，不同的选择造不同的人生。
所以，你要相信你自己的选择是正确的。
记住！我相信，还有支持你的选择。

선택엔 대가가 따른대요. 서로 다른 선택이 서로 다른 인생을 만들죠.
그래서 당신 선택이 옳음을 믿어야 해요. 기억해요! 난 당신을 믿고, 또 응원한다는 것!

[페이]

知道吗？一想起你我心里就暖暖的。
希望我们的友谊天长地久。
我们的故事还在继续，是吧？有你，才有今天的我。

아세요? 푸링님 생각하면 금세 맘이 따뜻해져요. 우리 우정 영원하기를…
우리의 이야기는 현재진행형인 거죠? 당신이 있어 오늘의 제가 있어요~

[하이매틱-(여)]

有人说，'人生最大的幸福就是放下'。
所以，姐姐~ "记住该记住的! 忘记该忘记的！"

'인생에 있어 최고의 행복은 내려놓음'에 있대요.
그니까 언니~ "기억할 것은 기억하고, 잊어버릴 것은 잊어요!"

[페이]

你们感慨什么呀！
真让人感动~ 差点儿哭了着呢。。

아, 왜 이렇게 감성적인 거야! 사람 감동하게! 울 뻔했잖아!

[따독따독-(여)]

想哭就哭吧！你已经不是我们的队长了，只是我们的闺密。不怕慢只怕站！我们都加油吧！

울고 싶으면 울어요. 이제 페이님은 우리 대장 아니고 그냥 친구니까.
천천히 가도 멈추지만 않으면 되니 우리 모두 힘내요!

没有车没有房

C-POP (2)
- 没有车没有房
- 爱我你就抱抱我

공감 (10)
감동 (10)
재미 (10)

차도 없고 집도 없네 (손휘)

이 곡은 2008년에 처음 발매되었는데 당시에는 주목 받지 못했다가 2011년 갑작스럽게 큰 유행이 된 곡이에요. 가사를 보면 이 시대를 살아가는 젊은이들의 애환이 아주 현실적으로 녹아있어요. MV가 참 재미있게 제작되었으니 시간이 허락되면 뮤직비디오도 한 번 찾아보세요. 멜로디가 쉬워서 금방 익힐 수 있을 거예요.

多情的阳光 洒落在我的脸庞
duōqíng de yángguāng sǎluò zài wǒ de liǎnpáng

看看周围的姑娘个个挺漂亮
kàn kan zhōuwéi de gūniáng gè gè tǐng piāoliang

流行和时尚 让生活充满阳光
liúxíng hé shíshàng ràng shēnghuó chōngmǎn yángguāng

对现实是无限的渴望
duì xiànshí shì wúxiàn de kěwàng

问你有没有车 问你有没有房
wèn nǐ yǒu méi yǒu chē wèn nǐ yǒu méi yǒu fáng

问问你的家里存折有几张
wèn wen nǐ de jiā lǐ cúnzhé yǒu jǐ zhāng

假如你没有车 假如你也没有房
jiǎrú nǐ méiyǒu chē jiǎrú nǐ yě méiyǒu fáng

忘掉忧伤跟我一起唱
wàngdiào yōushāng gēn wǒ yìqǐ chàng

我没有车 我没有房
wǒ méiyǒu chē wǒ méiyǒu fáng

我只能为你而歌唱
wǒ zhǐnéng wèi nǐ ér gē chàng

你们不要 不要再把我心伤
nǐmen búyào búyào zài bǎ wǒ xīn shāng

因为你是我心爱的姑娘
yīnwèi nǐ shì wǒ xīn'ài de gūniáng

我没有车 我没有房
wǒ méiyǒu chē wǒ méiyǒu fáng

我只有一副好心肠
wǒ zhǐyǒu yífù hǎo xīncháng

你们不能不能要求太过高
nǐmen bùnéng bùnéng yāoqiú tài guò gāo

因为你是最善良的姑娘
yīnwèi nǐ shì zuì shànliáng de gūniáng

我要买车我要买房
wǒ yào mǎi chē wǒ yào mǎi fáng

我还要为你而歌唱
wǒ háiyào wèi nǐ ér gē chàng

你们不要不要再把我心伤
nǐmen búyào búyào zài bǎ wǒ xīn shāng

因为你是我心爱的姑娘
yīnwèi nǐ shì wǒ xīn'ài de gūniáng

我要买车我要买房
wǒ yào mǎi chē wǒ yào mǎi fáng

我要你做我的新娘
wǒ yào nǐ zuò wǒ de xīnniáng

你们不能 不能要求太过高
nǐmen bùnéng bùnéng yāoqiú tài guò gāo

因为你是最善良的姑娘
yīnwèi nǐ shì zuì shànliáng de gūniáng

啦啦啦啦啦
lā lā lā lā lā

단어

- 多情 [duōqíng] 형용사 다정하다
- 洒落 [sǎluò] 동사 흩뿌리다
- 脸庞 [liǎnpáng] 명사 얼굴
- 姑娘 [gūniang] 명사 아가씨, 처녀
- 时尚 [shíshàng] 명사 유행
- 无限 [wúxiàn] 형용사 무한한
- 渴望 [kěwàng] 동사 갈망하다
- 存折 [cúnzhé] 명사 예금통장
- 假如 [jiǎrú] 접속사 만약
- 忘掉 [wàngdiào] 동사 잊어버리다
- 忧伤 [yōushāng] 형용사 고뇌에 잠기다
- 只能 [zhǐnéng] 동사 ~할 수밖에 없다
- 伤 [shāng] 명사 상처
- 心肠 [xīncháng] 명사 마음씨
- 过高 [guògāo] 형용사 지나치게 높다
- 心爱 [xīn'ài] 형용사 애지중지하다
- 新娘 [xīnniáng] 명사 신부

C-POP (2)

↳ **차도 없고 집도 없네**
↳ 사랑한다면 안아주세요

공감 (10)
감동 (10)
재미 (10)

흥미만 잃지 않는다면 노래 번역도 문제 없어요

멜로디가 신나서 가사가 더 슬프게 들리는 것 같아요.
노래 가사처럼 어차피 집도 없고 차도 없는데...
근심 걱정일랑 잠시 미뤄두고 같이 신나게 중국어 공부나 하자고요.

다정한 햇살이 내 얼굴을 비추네...
주위의 아가씨들은 하나같이 어쩜 그리 예쁜지
유행은 생활을 더 빛나게 하는데
마주한 현실엔 무한한 갈증뿐!

말 좀 묻자, 너 차 있냐? 너 집 있냐?
좀 물어보자, 너희 집엔 통장이 몇 개냐?
만약 너 차도 없고 집도 없으면
근심 걱정 내려놓고 나랑 같이 노래나 부르자!

난 차 없어. 난 집도 없지!
해줄 수 있는 건 널 위해 노래를 부르는 것뿐.
그래도 너 또 나 맘 아프게 하지 마!
왜냐면 넌 내가 진심으로 사랑하는 여자니까.

난 차 없어. 난 집도 없지!
가진 것이라고는 따뜻한 마음씨뿐.
너희 너무 콧대 높게 그러지 마.
넌 최고로 착한 여자잖아!

나 차 살 거야 나 집도 살 거다~
그리고 널 위해 노래도 불러 줄거야.
그니까 또 나 맘 아프게 하지 마!
왜냐면 넌 내가 진심으로 사랑하는 여자니까.

나 차 살 거야 나 집도 살 거다~
네가 내 아내가 되어 줬으면 해.
너무 콧대 높게 그러지 마.
넌 최고로 착한 여자잖아!

라라라라라라라라라라 ~

> **페이의 한마디**
>
>
>
> ## 我只有一副好心肠。
> [wǒ zhǐyǒu yífù hǎo xīncháng]
> 가진 것이라고는 따뜻한 마음씨뿐.

C-POP 02
爱我你就抱抱我

03-12-01

C-POP (2)
- 没有车没有房
- 爱我你就抱抱我

공감 (10)
감동 (10)
재미 (10)

사랑한다면 안아주세요(어린이 동요)

마지막은 아주 사랑스러운 곡으로 장식하려 해요. 책의 마지막 페이지를 넘기는 스스로를 꼭 안아주세요. 유쾌한 비트의 곡을 신나게 서너 번 따라 부르다 보면 쉬운 가사가 저절로 익혀질 거예요. 잠시 쉬어갈 수 있게 얼른 QR코드를 찍어보자고요~

爸爸妈妈 !!
Bàba māma

如果你们爱我 就多多的陪陪我
Rúguǒ nǐmen ài wǒ jiù duōduōde péi péi wǒ

如果你们爱我 就多多的亲亲我
Rúguǒ nǐmen ài wǒ jiù duōduōde qīn qīn wǒ

如果你们爱我 就多多的夸夸我
Rúguǒ nǐmen ài wǒ jiù duōduōde kuā kuā wǒ

如果你们爱我 就多多的抱抱我
Rúguǒ nǐmen ài wǒ jiù duōduōde bào bào wǒ

rap) 陪陪我 亲亲我 夸夸我 抱抱我 X 2
péi péi wǒ qīn qīn wǒ kuā kuā wǒ bào bào wǒ

妈妈总是对我说爸爸妈妈最爱我
Māma zǒngshì duì wǒ shuō bàba māma zuì ài wǒ

我却总是不明白 爱是什么
Wǒ què zǒngshì bù míngbai ài shì shénme

爸爸总是对我说 爸爸妈妈最爱我
Bàba zǒngshì duì wǒ shuō bàba māma zuì ài wǒ

我却总是不明白 爱是什么
Wǒ què zǒngshì bù míngbai ài shì shénme

爱我你就陪陪我 爱我你就亲亲我
Ài wǒ nǐ jiù péi péi wǒ Ài wǒ nǐ jiù qīn qīn wǒ

爱我你就夸夸我 爱我你就抱抱我
Ài wǒ nǐ jiù kuā kuā wǒ Ài wǒ nǐ jiù bào bào wǒ

爱我你就陪陪我 爱我你就亲亲我
Ài wǒ nǐ jiù péi péi wǒ Ài wǒ nǐ jiù qīn qīn wǒ

爱我你就夸夸我 爱我你就抱抱我
Ài wǒ nǐ jiù kuā kuā wǒ Ài wǒ nǐ jiù bào bào wǒ

如果真的爱我 就陪陪陪陪陪陪我
Rúguǒ zhēnde ài wǒ jiù péipéipéipéipéipéi wǒ

如果真的爱我 就亲亲亲亲亲亲我
Rúguǒ zhēnde ài wǒ jiù qīnqīnqīnqīnqīnéi wǒ

如果真的爱我 就夸夸夸夸夸夸我
Rúguǒ zhēnde ài wǒ jiù kuākuākuākuākuākuā wǒ

如果真的爱我 就抱抱我
Rúguǒ zhēnde ài wǒ jiù bàobào wǒ

단어

└ 陪 [péi]
동사 함께하다, 동반하다

└ 亲 [qīn]
동사 뽀뽀하다

└ 夸 [kuā]
동사 칭찬하다

└ 抱 [bào]
동사 포옹하다

└ 总是 [zǒngshì]
부사 언제나

└ 对 [duì]
개사 ~에게, ~를 향해

└ 却 [què]
도리어, 오히려

└ 明白 [míngbái]
동사 알다, 이해하다

└ 搞不懂 [gǎobudǒng]
동사 이해할 수 없다

└ 真的 [zhēnde]
부사 진짜로, 정말로

└ 说唱 [shuōchàng]
동사 rap, 랩

C-POP (2) ▼
└ 차도 없고 집도 없네
└ **사랑한다면 안아주세요**

공감 (10)
감동 (10)
재미 (10)

흥미만 잃지 않는다면 노래 번역도 문제 없어요

얼굴에 미소가 번지지 않았나요? 나도 모르게 어깨를 들썩이고 계시진 않은가요? 중국어, 절대 어렵지 않아요. 지금처럼 재미있게 학습을 이어나가신다면요.

(아빠, 엄마!)

만약 절 사랑한다면, 저랑 많이 많이 함께해 주세요.
만약 절 사랑한다면, 저랑 많이 많이 뽀뽀해 주세요.
만약 절 사랑한다면, 저 많이 많이 칭찬해 주세요.
만약 절 사랑한다면, 저 많이 많이 안아주세요.

rap : 놀아줘요. 뽀뽀해줘요. 칭찬해줘요. 안아줘요~ X2

엄마는 언제나 내게 말했죠.

아빠 엄마는 절 최고로 사랑한다고.
하지만 전 잘 모르겠어요. 사랑이 뭔지.
아빠는 언제나 내게 말했죠.
아빠 엄마는 절 최고로 사랑한다고.
하지만 전 잘 모르겠어요. 사랑이 뭔지.

사랑한다면 놀아주세요. 사랑한다면 뽀뽀해 주세요.
사랑한다면 칭찬해 주세요. 사랑한다면 안아주세요.
사랑한다면 놀아주세요. 사랑한다면 뽀뽀해 주세요.
사랑한다면 칭찬해 주세요. 사랑한다면 안아주세요.

만약 절 사랑하다면, 놀놀놀놀놀놀−아 줘요.
만약 절 사랑하다면, 뽀뽀뽀뽀뽀−뽀 해줘요.
만약 절 사랑하다면, 칭칭칭칭칭−찬해 줘요.
만약 절 사랑하다면, 안−아−줘−요.

페이의 한마디

如果真的爱我 就抱抱我。
[Rúguǒ zhēnde ài wǒ jiù bàobào wǒ]

만약 정말로 사랑한다면, 안아주세요.

배웅의 글

참 많은 분의 도움으로 책이 완성되었습니다.
고단했던 작업이 행복하게 추억될 수 있는 것은 숨은 조력자들 덕분이겠지요.

드러나 있지 않은 저를 찾아주고 기회를 주신 도서출판 혜지원에 감사드립니다.
고집스러운 제 이야기를 언제나 귀 기울여 들어주신 Bella Park(벨라박) 님께 고맙습니다.

"블로그에 있는 좋은 글귀들을 책에 담고 싶어."라고 말했더니,
2시간 만에 책의 기본 레이아웃이 나왔습니다. 귀한 아이디어를 선물해 주신 박지현님 덕분입니다.

이 책은 지난 700여 일간 라이브로 진행된 방송이 기초가 되었습니다.
그 700일의 시간 속에 함께였었고, 현재 함께이고,
또 앞으로의 시간을 채워가 주실 시청자 여러분, 참 많이 고맙습니다.
교재에 닉네임이 수록되도록 허락해 주신 분들께도 다시 한 번 감사합니다.

마지막으로, 중국어를 더 본격적으로 하겠다며 덥석 회사를 관둬 버린 딸에게
"잘했다." 3음절로 당신들의 모든 마음을 보여준 가족. 우리는 영원히 가족입니다.

저는 중국어를 통한 성공 신화를 꿈꾸지 않습니다.
다만, 이 시간 끝에 반드시 성장이 있었으면 합니다.

중국어를 학습하는 목적은 모두 다르더라도 꾸준히 전진하려는 모습만은 같기를.
함께이기에 중국어 4성도, 복잡한 한자도, 낯선 어법도 그저 즐거운 미션이기를.

책 속에 소개되지 않은 아껴놓은 문장으로 본 서를 배웅합니다.

"我深知，不努力我什么都不是。"
잘 알고 있어요. 노력하지 않는 저는 아무것도 아니라는 것을.

배정현 (BJ PEI)